SUSANNE KILIAN

Don't let me be misunderstood

Wie wir weltweit
besser verstanden werden

Mit den »Dos and Don'ts« der
internationalen Kommunikation

ARISTON

Verlagsgruppe Random House FSC® N001967
Das für dieses Buch verwendete
FSC®-zertifizierte Papier *Munken Premium*
liefert Arctic Paper Munkedals AB, Schweden.

2. Auflage
Bibliografische Information der Deutschen Bibliothek

Die Deutsche Bibliothek verzeichnet diese Publikation
in der Deutschen Nationalbibliografie; detaillierte bibliografische Daten
sind im Internet unter http://dnb.ddb.de abrufbar.

© 2015 Ariston Verlag in der Verlagsgruppe Random House GmbH
Alle Rechte vorbehalten

Umschlaggestaltung: Eisele Graphik-Design, München
Satz: EDV-Fotosatz Huber/Verlagsservice G. Pfeifer, Germering
Druck und Bindung: GGP Media GmbH, Pößneck
Printed in Germany

ISBN 978-3-424-20123-9

Für Elisabeth und Lorenz Schmid

Achte auf Deine Gedanken, denn sie werden zu Worten. Achte auf Deine Worte, denn sie werden zu Handlungen. Achte auf Deine Handlungen, denn sie werden zu Gewohnheiten. Achte auf Deine Gewohnheiten, denn sie werden Dein Charakter. Achte auf Deinen Charakter, denn er wird Dein Schicksal.

Sprichwort chinesischen Ursprungs

Inhalt

Wir sind beliebter denn je, machen wir was draus! 9

1 Jeder hört, was seine Kultur ihn zu hören gelehrt hat. 15
2 Und täglich grüßt der Fehlerteufel 23
3 »Fare una bella figura« – das können wir auch 43
4 Wir nehmen's wortwörtlich 53
5 Reden ist Silber, Schweigen ist Gold, gekonnt Reden ist Platin 63
6 Wir sind, wer wir sind – eine Nation der Tüftler ... 75
7 Nutzen wir die Magie der Empathie! 83
8 Gehirnfreundlich kommunizieren 95
9 Der Tür- und Herzensöffner Nr. 1: So macht Small Talk Spaß 105
10 Spielen wir unsere Asse aus 117
   Das erste Ass – You are simply the very best   131
   Das zweite Ass – I'm sorry!   141
   Das Ass der Asse – Shall we meet again?   154

11 »Hoffen und Glauben gehören in die Kirche« –
der German Code. 173
12 Die hohe Kunst, zwischen den Zeilen zu lesen 185
13 Zum Schluss der gemeinsame Genuss 201

All is well that ends well. 211

Literatur 215
Dank. 217

Wir sind beliebter denn je, machen wir was draus!

»*Germany is the most positively viewed nation in the world* ...« Deutschland ist das beliebteste Land der Welt. Das ergab eine Umfrage der BBC aus dem Jahr 2013.*

Stimmt diese Sicht mit unserer eigenen Wahrnehmung überein? Meinem Eindruck nach eher nicht. Wir sind beliebter, als wir es uns selbst zutrauen. Warum diese unterschiedliche Wahrnehmung? Sie hat bestimmt eine Menge mit den kulturellen Unterschieden zu tun, die unmittelbar in der Kommunikation zum Ausdruck kommen.

Als Deutsche oder Deutscher können Sie in Ihrer Muttersprache wunderbar kommunizieren. Sie hören verschiedene Nuancen heraus, wie etwas gemeint ist, erkennen Zwischentöne, balancieren problemlos zwischen Humor und Ironie, brin-

---

* Umfrageergebnis am 23.05.2013 von der BBC veröffentlicht. Es wurden 26 000 Menschen befragt, die 16 Nationen in einem Ranking bewerten sollten.

gen mühelos Worte zum Klingen. Natürlich kommt es auch einmal zu Missverständnissen, und manchmal zweifeln Sie, ob Sie den richtigen Ton getroffen haben. Doch grundsätzlich sind Sie sicher unterwegs, wenn es um Ihre Muttersprache geht.

Anders sieht es aus, wenn wir in einer Fremdsprache kommunizieren. Im Englischen etwa sind wir weniger spontan, vorsichtiger. Wir kommen nicht authentisch und souverän rüber. Dabei wünschen wir uns, auf Englisch genauso erfolgreich zu verhandeln und möglichst ebenfalls mit Esprit und Witz aufzutrumpfen. Nicht nur im Arbeitsgespräch, sondern auch beim Small Talk möchten wir uns sicher fühlen.

Sie kennen es: Bei Verhandlungen beschleicht uns manchmal das Gefühl, nicht so richtig verstanden zu werden, doch woran es genau liegt, lässt sich nur schwer ausmachen. Das eigene Englisch ist gut, wir beherrschen die Grammatik und haben einen großen Wortschatz, sind eigentlich »verhandlungssicher« – und dennoch läuft da etwas schief. Es gelingt nicht so richtig, den indischen Geschäftspartner für ein Projekt zu begeistern oder mit der chinesischen Bekannten warm zu werden. Und warum können Kollegen anderer Nationen bei Absprachen mitunter verhalten sein? Woran liegt das, wenn nicht an Grammatik und Vokabeln? Sie fragen sich möglicherweise: Warum schlage ich mich so wacker, wenn ich in Deutschland ein Projekt präsentiere, aber im Englischen wirkt mein Vortrag zäh? Was mache ich falsch?

Um es gleich zu sagen: Bei mir gibt es kein Richtig oder Falsch – es gibt nur ein *Anders*.

Fünfzehn Jahre war ich als UN-Dolmetscherin tätig – in Asien, in den USA und in Europa. Täglich erlebte ich, wie schnell es zu Missverständnissen kommen kann. Ich habe die Menschen in aller Welt beobachtet und sprechen gehört. Lange habe ich darüber nachgedacht, was ich sah, und schließlich eine Antwort darauf gefunden. Sie klingt einfach – und ist doch so komplex: Wenn Deutsche international nicht mit ins Boot geholt werden – abgesehen von der obersten politischen Führungsriege –, hat das mit den grundlegend unterschiedlichen kulturellen Spielregeln zu tun, die in der Kommunikation ihren Niederschlag finden.

Wir Deutschen reden nicht lange drum herum, wir kommen gern ohne Umschweife zum Punkt. Probleme und Missstände werden klar benannt, wir streben schnelle Lösungen an und erklären anderen gern, wie etwas zu regeln ist. Das beste Beispiel dafür waren und sind unsere Vorgaben, wie man die Finanz- und Eurokrise in den Griff zu bekommen habe. Was unserem Verständnis nach pragmatisch und lösungsorientiert klingt, haben manche unserer Nachbarn als besserwisserisch empfunden. Natürlich wollen wir nicht absichtlich irritieren, verletzen oder destruktiv sein. Nein, unsere Vorschläge sollen schon positiv aufgenommen werden.

Als UN-Dolmetscherin erlebte ich, dass eine Formulierung, die von meinen Landsleuten für übertrieben, suspekt oder gar unehrlich gehalten wurde, im angelsächsischen Sprachraum als klare Auskunft galt.

Die Unterschiede gehen darauf zurück, dass wir in den vertrauten Mustern unserer Muttersprache kommunizieren und diese sich von den Mustern anderer Sprachen unterscheiden. Mit anderen Worten: Wir ticken anders als der Rest der Welt. Wir halten einen präzisen Informationsaustausch für erstrebenswert. Uns gilt ein direkter Sprachstil als kompetent, karrierefördernd und effizient. Floskeln finden wir überflüssig wie Motten in Pullovern, betrachten sie als reine Zeitverschwendung und alles andere als zielführend.

Damit gehen wir nicht nur unseren unmittelbaren Nachbarn, sondern den meisten Nationen weltweit ganz schön auf die Nerven, so beliebt wir als Nation auch sind. »Sag, wie es ist« – unmöglich! Wo bleiben da Charme, Humor und Leichtigkeit? Wie kann man so miteinander warm werden und sich einander zugetan fühlen? Ehrlich gesagt, nicht wirklich gut. Es ist also an der Zeit, die Botschaften zwischen den Zeilen zu lesen und zu hören und mehr Empathie gegenüber den anderen Kulturen an den Tag zu legen. Wir Deutschen sind mit unserer Art nämlich in der Minderheit.

Empathische Kommunikation ist der Schlüssel zum Erfolg vor allem auf internationalem Parkett, und so ist es mehr als sinnvoll, sich wenigstens auf der Weltbühne von unserer Sprache der Effizienz zu verabschieden und anderen liebenswürdig zu begegnen.

Ziel meines Buches ist es, ein wenig Licht in den Dschungel globaler Kommunikation zu bringen, damit wir im Ausland – ganz gleich, ob wir beruflich oder privat unterwegs sind – als einnehmend wahrgenommen werden und am Ende das erreichen, was wir uns vorstellen und wünschen. Meine *Dos* und *Don'ts* helfen Ihnen dabei. Geben Ihnen Ratschläge, was Sie tun, was Sie lassen und welche Fettnäpfchen Sie vermeiden sollten.

Ein Rat vorweg: Seien Sie mal so richtig nett und drehen Sie die eine oder andere Pirouette, statt gleich draufloszumarschieren, und Sie werden merken, dass Sie Zeit, Geld und Nerven sparen. Wenn das für uns Deutsche kein Anreiz ist!

Auch Sie können bei internationalen Verhandlungen und Begegnungen sicher, sympathisch und souverän wirken. Sie können die kommunikativen Zügel in der Hand halten und agieren, statt nur zu reagieren. Mein »Kommunikations-Werkzeugkasten« stellt die entsprechenden Hilfen bereit. Zudem werden Sie anhand der Beispiele in diesem Buch verstehen, *warum* wir anders ticken als der Rest der Welt. Machen Sie sich die Ohren der anderen zu Freunden!

1
Jeder hört, was seine Kultur ihn zu hören gelehrt hat

Mit einem verschmitzten Lächeln beendete Sascha seine mitreißende Rede und genoss den Applaus. Er hatte das Auditorium mit Witz, Charisma und Leidenschaft für sein Anliegen begeistert.

»Was für eine Stimmung! Diese Konferenz hat richtig Spaß gemacht. Solch einen Elan hätte ich einer Ingenieurstagung im tiefsten Norddeutschland gar nicht zugetraut. Das hatte ich mir viel trockener, eher langweilig vorgestellt. Danke, dass du mich zu diesem Einsatz mitgenommen hast«, wandte ich mich an meine Kollegin Bettina.

Sie nickte. »Ja, dieser Mann besitzt nicht nur Ausstrahlung, sondern bringt zugleich ein bewundernswertes Engagement rüber. Was er auf die Beine gestellt hat, das ist *German engineering at its best*. Diese Art von Unternehmertum begeistert mich.«

Saschas Firma entwickelt Überlebenstechnologie für UN-Flüchtlingslager, in denen Menschen Schutz suchen, die durch die Hölle gegangen sind. Viele erreichen die rettenden Notunterkünfte dehydriert, unterernährt, krank, verletzt und zutiefst traumatisiert. Von einer funktionierenden Infrastruktur des Lagers hängt daher alles ab. Sie entscheidet über Leben und Tod. Wenn etwa die Wasseraufbereitungsanlage nicht reibungslos arbeitet, bedeutet dies schnell den Tod vieler Menschen. Die »Hardware« eines Flüchtlingslagers muss selbst unter extremen klimatischen Bedingungen funktionieren.

Saschas Schilderungen über die Zustände in den Notunterkünften hatten uns zutiefst erschüttert, der Ehrgeiz und die Hingabe, mit der sein Team Lösungen erarbeitet, uns tief beeindruckt.

Doch nicht nur sein Thema, auch sein Vortragsstil war etwas Besonderes. Einen solch kompetenten Redner zu dolmetschen, gehört zu den Höhepunkten unseres Berufs.

Wenige Wochen später, bei einer UNO-Konferenz auf einer der schönsten deutschen Inseln, traf ich den engagierten jungen Unternehmer überraschend wieder.

»Herzlich willkommen zum tollsten Vortrag der gesamten Konferenz«, begrüßte mich meine Kollegin Elisabeth mit genervtem Unterton, als ich zu ihr in die Kabine trat. Sie verdrehte die Augen und deutete dabei auf den Redner, der sich auf dem Podium sichtlich unwohl fühlte, sogar richtiggehend litt. Das konnte doch nicht wahr sein!

»Also dieser Typ da unten – dem Akzent nach kann er nur Deutscher sein«, fuhr Elisabeth fort, »der stammelt sich gerade um Kopf und Kragen.«

Ungläubig starrte ich auf meinen Landsmann, der sich und das Auditorium quälte. Es war Sascha, der junge, dynamische Macher, der erst vor wenigen Wochen in seiner Muttersprache die Zuhörer in seinen Bann gezogen und begeistert hatte. Derselbe Mann, dasselbe packende Thema, das niemanden kaltlassen konnte. Nur war allzu deutlich, dass diesmal weder Sascha noch sein Thema zu fesseln vermochten. Der Funke wollte einfach nicht überspringen. Die Zuhörer lasen, blätterten in Unterlagen, schauten auf ihre Uhren, spielten mit ihren Smartphones – nicht wenige schliefen sogar.

Wo bitte schön waren Saschas Charisma, sein Witz, seine Leidenschaft geblieben? An seinem Englisch konnte es nicht liegen, denn das war durchaus brauchbar. Was also ging hier so fürchterlich schief?

Da war sie wieder, diese bohrende Frage. Es kam mir vor, als wäre ich in einer Zeitschleife gefangen, alle Zeichen standen auf Wiederholung. Ich konnte aber weder die Stopp-Taste drücken noch die Play-Taste, damit es endlich weiterginge.

Ich musste hier raus. Murmeltiertag. Ganz eindeutig. Denn Murmeltiertage sind ein gewaltiges Grauen. Warum? In dem legendären Film *Und täglich grüßt das Murmeltier* kämpft Wetterfrosch Phil Connors alias Bill Murray gegen eine endlose Wiederholung des 2. Februar, jenes Tages, an dem er alljährlich in Punxsutawney, Pennsylvania, über den Murmeltiertag zu berichten pflegt. Dabei geht es nur um einen einzigen Moment: Wenn dieses Erdhörnchen nach einem ausgedehnten Winterschlaf beim ersten neugierigen Blick aus dem Bau den eigenen Schatten sieht, wird der Winter noch weitere sechs Wochen dauern – ist das nicht der Fall, beginnt der

Frühling. Eigentlich ganz einfach. Nicht so für Connors, denn er erlebt dieses Ritual wieder und wieder. Er sitzt mit seinen Gedanken in einer Zeitschleife fest.

Und nun befand ich mich ebenfalls in einer Art Punxsutawney. Nur hielt ich nicht unentwegt Ausschau nach einem bräunlichen Nagetier, das Szenario war anders. Ich saß in meiner Dolmetschkabine und litt. Ich musste wieder einmal zuhören, wie ein Landsmann sich redlich abmühte, auf Englisch die Vorzüge seines Unternehmens anzupreisen. Und zwar eines Unternehmens, das doch so wichtig war in diesen Zeiten des Krieges.

Seitdem ich für die UN arbeitete, schien es kein anderes Thema als Krieg zu geben. Gerade ging es um Afghanistan, davor um Irak, Ruanda, den Balkan. Eine endlos lange Liste. Dabei hatte alles so hoffnungsvoll begonnen.

Als junges Mädchen hatte ich mich intensiv – was damals niemand verstand – mit dem Thema Krieg und Kriegsschuld auseinandergesetzt. Erich Maria Remarques Antikriegsroman *Im Westen nichts Neues* zog mich vollkommen in seinen Bann. Immer und immer wieder las ich jene ergreifende Szene, in der ein französischer Soldat in den Armen eines Deutschen stirbt. Meine kindlich-naive Schlussfolgerung aus dieser Schlüsselszene: Wenn Menschen sich als Menschen und nicht als Feinde kennenlernen dürfen, wird es keine Kriege mehr geben.

Zeitgleich besprachen wir in der Schule Woodrow Wilson. Der achtundzwanzigste Präsident der Vereinigten Staaten hatte viel zur Beendigung des Ersten Weltkriegs beigetragen und sich auf den Friedenskonferenzen 1918 maßgeblich für die Gründung des Völkerbunds und eine weltweite Friedensordnung eingesetzt. Er hatte die Vision, einen Ort zu schaffen, an dem sich Menschen treffen konnten, um Kriege zu verhindern, den Frieden zu sichern. Die Vereinten Nationen, die nach dem Zweiten Weltkrieg aus dem Völkerbund hervorgingen, wurden zu einem solchen Ort, nicht umsonst ist ihr Emblem die Friedenstaube.

Wilson wurde eines meiner Idole. Mein Mann. Ich würde den Frieden sichern und die Welt retten, indem ich zu den Vereinten Nationen ging, sobald ich dieses unsägliche Abi geschafft hatte. Stolz verkündete ich dies meinen Eltern.

Ich war ein lebhaftes Mädchen mit täglich neuen Ideen im Kopf, und so lautete die Antwort: »Geh lieber schwimmen, draußen scheint die Sonne.«

Zwar ging ich schwimmen, ließ mich dennoch nicht beirren und wünschte mir ein eigenes Radio. Tag und Nacht hörte ich nur einen Sender: die BBC. Insbesondere nachts ließ ich deren Programm laufen, da mein Vater bei einem Tischgespräch erwähnt hatte, man könne am besten im Schlaf lernen.

Meine Verehrung für Wilson und seine Visionen ließ auch in den folgenden Jahren nicht nach – vielleicht deshalb, weil sie so naiv war. In keiner Weise hatte ich mich nämlich näher mit dem Friedensnobelpreisträger von 1919 und seinem Menschenbild beschäftigt. Bei Rassenfragen trat er wenig progressiv auf. Als Präsident aus den Südstaaten, der erste seit dem Bürgerkrieg, hielt er mit seinem *racial nationalism* unvermindert an der Rassentrennung fest. Und dem Frauenwahlrecht stimmte er nur aus Gründen der Opportunität zu. All das las ich allerdings erst viel später nach.

Noch später erfuhr ich, dass mein Großvater im Ersten Weltkrieg jene von Remarque so bewegend beschriebene Sterbeszene selbst in ähnlicher Weise hatte erleben müssen. Während der Grabenkämpfe in den durch Bomben verursachten Trichtern schoss er auf einen Franzosen und sah sich mit dem Sterben des Mannes konfrontiert. Er versuchte, dem lebensgefährlich Verwundeten zu helfen, seinen Körper schützend zu lagern und die Wunden zu verbinden. Dabei fielen Fotos aus der Uniform des Franzosen. Sie zeigten ihn mit zahlreichen kleinen Kindern und seiner Frau. Die Folge: Mein Großvater kam nicht nur als überzeugter Antimilitarist aus dem Krieg zurück, sondern auch voller Schuldgefühle. Sie ließen ihn nicht mehr los.

Da er bei meiner Geburt fast achtzigjährig war, kann ich mich nicht an ihn erinnern. Meine Mutter erzählte, dass er mich als Baby über viele Stunden im Arm gehalten und mich mit Löffelbiskuits gefüttert habe. Während ich wuchs und gedieh, wurde mein Großvater immer dünner. Der Magenkrebs fraß ihn auf, und bald darauf starb er.

Und ich? Mit neunundzwanzig war ich angekommen bei der UN, der Institution, die den Frieden sichern sollte. Und nun dolmetschte ich hilflos Reden über Flüchtlingselend, Krisengebiete und Krisenmanagement. Es war mir nicht gelungen, die Welt zu retten. Stattdessen musste ich mir schlecht präsentierte englische Vorträge wie den meines Landsmanns mit dem wichtigen Anliegen anhören.

Ich war mir sicher, dass Sascha den Auftrag nicht bekam, und litt mit ihm, als wäre ich selbst betroffen. Litt sogar so sehr, dass ich unbedingt einen Tapetenwechsel brauchte. Deshalb verließ ich die Konferenz, gönnte mir eine Erholungspause in einem Straßencafé und dachte nach.

Gut, Susanne, gestand ich mir ein, an der Friedenssicherung und dem Weltretten bist du kläglich gescheitert. Es ist an der Zeit, kleinere Brötchen zu backen. Zeit für ein neues Ziel: Vielleicht solltest du erst einmal verstehen lernen, wie wir Deutschen auf Englisch ähnlich gewinnend und souverän wirken können wie in unserer Muttersprache.

Menschen wie Sascha brauchten Unterstützung, daran gab es keinen Zweifel. Ihnen diese zu geben, kam mir auf einmal wie ein Traum vor, eine Vision. Wenn man diese Leute auf dem internationalen Parkett anhörte und ernst nahm, hatte ich mehr zur Völkerverständigung beigetragen, als ich jemals mit meiner Tätigkeit als Dolmetscherin der Vereinten Nationen erreichen konnte.

Entschlossen kehrte ich zurück zur Konferenz und stürmte in die Kabine zu meiner Kollegin: »Elisabeth, ich habe eine Idee!«

So fing alles an ...

2
Und täglich grüßt der Fehlerteufel

Die Idee, aus Sascha ein Präsentationsass zu machen, klang ja ganz gut, aber war sie nicht ein wenig größenwahnsinnig? Als Dolmetscherin waren Sprache und Kommunikation zwar kein fremdes Terrain für mich, doch mir fehlte die Ausbildung, um eine Person wie Sascha zu trainieren – der übrigens, wie fast zu erwarten, den Auftrag nach seiner miserablen Präsentation nicht erhielt. Und wie es oft bei Ideen ist, dachte ich monatelang nicht mehr darüber nach, hörte nur immer wieder aus meiner Kabine bewusst den deutschen Rednern zu, schrieb auch auf, was sie besser machen könnten.

Meine Kollegin Bettina hatte Sascha mittlerweile meine Kontaktdaten übermittelt. Er rief tatsächlich bei mir an, denn er war mehr als interessiert, sein internationales Auftreten zu optimieren.

Im ersten Augenblick schwieg ich, dann nahm ich die Herausforderung an:»Gut, bei meinem nächsten Heimaturlaub möchte ich sowieso bei meiner Tante in Bayern vorbeischauen. Dann kann ich gern einen Abstecher nach Augsburg machen.«

Als ich von ihm empfangen wurde, sah ich mich einem umwerfenden Typ gegenüber: gut aussehend, unglaublich charismatisch, gewandt und eloquent. Was für ein Kontrast zu seiner Präsentation bei der Konferenz. Ein engagierter und erfolgreicher Unternehmer stand vor mir. Ein Mann, der Visionen hatte, leidenschaftlich an seinem Betrieb und an seinen Leuten hing. Aber auch verzweifelt war über diesen misslungenen Auftritt bei der UN.

»Was kann ich ändern?«, fragte er mich. »Ich weiß nicht, was schiefgelaufen ist, wir haben die besten Zelte. Es muss an mir gelegen haben. Aber wieso bin ich nur so unvorteilhaft rübergekommen? Mein Englisch war nicht schuld, da fühle ich mich recht sicher. Es muss etwas anderes gewesen sein. Aber was?«

Das fragte ich mich in diesem Moment auch, denn der Mann, dem ich jetzt begegnete, war keineswegs ein fader Mensch ohne Ausstrahlung, sondern eine faszinierende und überzeugende Persönlichkeit.

Um herauszufinden, warum er so erfolglos gewesen war, gingen wir zwei Tage lang seine Präsentation durch. Ich ließ Sascha Dinge auswendig lernen und meine Veränderungsvorschläge wie ein Mantra herunterbeten – ohne dass ich selbst genau wusste, was ich damit eigentlich bezweckte.

Zu einem Coaching, wie ich es heute mache, war ich damals nicht in der Lage. Ich handelte noch eher intuitiv als reflektiert.

Als Sascha mich nach zwei intensiven Tagen zum Augsburger Bahnhof brachte, sagte er: »Warum dolmetschst du eigentlich? Typen wie ich brauchen Menschen wie dich.«

Das war *der* Satz, der mich in meiner Idee bestärkte. Zwischen dem Sascha, der vor den Einkäufern der Vereinten Nationen aufgetreten war, und dem Sascha, dem ich in seinem deutschen Umfeld begegnet war, gab es eine enorm große Diskrepanz. Diese Widersprüchlichkeit ließ mich nicht mehr los, und ich wollte etwas tun, damit Anliegen wie das von Sascha besser verstanden wurden. War das nicht auch ein Beitrag zur Völkerverständigung?

Aber was hieß Völkerverständigung für mich konkret?

Häufig genug hatte ich bei meiner Arbeit Deutsche erlebt, die überzeugte Global Player im Sinne von kosmopolitisch kommunizierenden und handelnden Menschen sein wollten. Doch sosehr sie sich auch einsetzten und an ihre Sache glaubten, war es meinen Landsleuten leider nicht vergönnt, dieses auch in entsprechender Art und Weise zu vermitteln. Das führte mich zu der Frage, wie wir Deutschen kommunizieren. Was brauchen wir, um international genau so ein Standing zu erreichen, wie wir es uns wünschen? Wie oft hatte ich beobachtet, dass wir es nicht wirklich verstehen, unsere Interessen überzeugend zu vertreten. Anders gesagt: Wir sind darauf trainiert, ein Problem lösen zu wollen, aber nicht darauf, andere in unser Denken einzubeziehen. Das Ohr unseres Adressaten schaltet einfach auf Durchzug. Wir sagen: »Das muss sich ändern, und bis zum Donnerstag werden wir Vorschläge anbieten«. Zielorientiert ist: »Wie können wir hier und jetzt gemeinsam eine Lösung finden?«

Durch unsere ungeduldige Art verwirren wir Menschen anderer Nationalitäten, überfordern sie durch unsere Direktheit. So verhindern wir, dass andere unsere Vorschläge als zielführend erkennen. Stoßen unsere Initiativen ständig auf Unverständnis bei den anderen, staut sich bei uns so viel Frust auf, dass wir unseren Standpunkt zuweilen brachial durchzusetzen versuchen. Die Wortwahl von Bundeskanzlerin Angela Merkel in der Eurokrise ist ein signifikantes Beispiel dafür. So war im Januar 2015 nach der Wahl des griechischen Ministerpräsidenten Alexis Tsipras in den griechischen Zeitungen zu lesen, Angela Merkel sei belehrend und kühl.

Ich versuchte, mir weitere Erlebnisse und Begebenheiten in Erinnerung zu rufen, um mir diese Verlorenheit bewusst zu machen. Eine entsprechende Situation hatte ich erst kurz zuvor erlebt:

»Verehrte Fluggäste, wir haben soeben unsere Reiseflughöhe verlassen und beginnen mit dem Landeanflug. Bitte legen Sie die Sitzgurte an und stellen Sie die Lehnen senkrecht Die Temperatur am Ziel beträgt 20 Grad Celsius, es ist leicht bewölkt.«

Nach einer wahren Flugodyssee sollten wir endlich landen. Die Durchsage der Stewardess klang, als landeten wir in einer ganz normalen Stadt wie Hamburg oder Rom. So war es aber nicht. Unter uns lag Afghanistan; meine Kollegin Elisabeth und ich waren für die UN unterwegs. In meinem Bauch kribbelte es. Ich sah uns schon – in wahrscheinlich nicht einmal einer halben Stunde – in einem gepanzerten Wagen sitzen und im Konvoi zu einem Ort fahren, wo Sicherheitsgespräche zwischen Afghanen und Vertretern der Westmächte stattfinden sollten. Ein geheimer Ort.

»Mein Gott«, raunte Elisabeth mir zu. »Natürlich habe ich immer wieder in den Nachrichten von den Bombardierungen gehört und in den Zeitungen davon gelesen, aber dass das Land so kaputt ist, das hätte ich nicht gedacht.«

Ich nickte, konnte meiner Kollegin nur zustimmen. Unter uns bot sich ein Bild vollkommener Zerstörung. Auch in den Gesichtern aller anderen, die an Bord dieser UN-Maschine saßen, selbst bei denen, die bereits viele Krisengebiete kannten, war tiefe Betroffenheit zu lesen. Über ein halbes Jahr lang war dieses wichtige politische Treffen immer wieder verschoben worden, stets hatten es die Sicherheitsexperten beobachtender Nationen als zu gefährlich eingestuft. Die internationale Diplomatie ist eine hohe Kunst und lässt sich nicht vorherbestimmen. Jeder Einsatz stellt eine neue Herausforderung dar, vor allem in einem Land, in dem bislang so wenig Frieden herrscht. Wir selbst gehörten zu einer Mission, mit der auf diplomatischem Wege versucht werden sollte, dem Land ein bisschen mehr Frieden zu bringen. Nicht mit Waffen, sondern mit Worten. Folglich musste beim Dolmetschen jedes Wort sitzen, jede Formulierung und ebenso jede Geste. Mehr, als wir gemeinhin annehmen, bestimmt auch das nonverbale Verhalten die Kommunikation – es ist ein gemeinsames Agieren ohne Worte.

Obwohl Elisabeth und ich darauf trainiert waren, auf den Flügen zu unseren Einsätzen zu schlafen, waren wir dieses Mal vor Aufregung hellwach geblieben und hatten uns gegenseitig erzählt, was wir über Afghanistan wussten. Meist waren wir in den USA oder in Europa unterwegs und verfügten inzwischen über genügend Wissen über die Kultur dieser Länder. Das ist wichtig, um beim Dolmetschen so wenig Fehler wie möglich zu machen. Immer wieder erlebten wir, wie schnell es zu Missverständnissen kam und welch weitreichende, ja zuweilen äußerst schwerwiegende Konsequenzen diese haben konnten. Allerdings wussten wir aus unserer täglichen Praxis ebenfalls, wie viele Möglichkeiten sich eröffneten, wenn es gelang, diese Missverständnisse zu vermeiden. Das war immer ein tolles Gefühl zu erleben, wie eine gewisse Anfangsskepsis durch ein gemeinsames Verständnis für die Problematik plötzlich verflog. Aus diesem Grund durften wir nichts dem Zufall überlassen.

Für Elisabeth und mich gab es in den folgenden Tagen eine Menge zu tun. Irgendwann drückte mir ein deutscher ISAF-Kommandeur in einer Pause ein Schreiben in die Hand, das er mir zeigen wollte, bevor er es in eine der Landessprachen übersetzen ließ. Es war ein Kondolenzbrief. Einer der Ältesten aus der Stadt, in der die deutschen Truppen stationiert waren, war gestorben. Nun wollte der Kommandeur sein Beileid bekunden. »Sagen Sie mir ehrlich, ob das so geht«, meinte er.

Ich las den kurzen Brief, er zeigte, dass der Offizier ehrliches Mitgefühl zum Ausdruck bringen wollte, auch Respekt vor den Leistungen des Ältesten. Doch ich schüttelte den Kopf: »So geht das nicht.«

Der ISAF-Kommandeur seufzte: »Irgendwie hatte ich mir das schon gedacht. Viel zu nüchtern, oder?«

»Genau«, sagte ich. »Die Afghanen haben eine sehr blumige Sprache. Sie müssen jemanden finden, der Ihre Worte sozusagen doppelt übersetzt: nicht nur in Dari, Paschtu oder Farsi, sondern auch in die Gefühlswelt der Afghanen.«

Sich »blumig« auszudrücken, ist unserer effizienten und lösungsorientierten deutschen Sprache nicht gerade gegeben.

Da sind andere Nationen im Vorteil, deren Muttersprache von vielen Metaphern geprägt ist, von Formulierungen, die etwas umschreiben und damit verschiedene Verständnismöglichkeiten eröffnen, die wiederum von der jeweiligen kulturellen Prägung abhängen. Sie sind nicht besser oder schlechter als unsere, sondern einfach anders.

Im Umgang mit Fremdsprachen kommt erschwerend hinzu, dass man schnell ein falsches Wort verwendet. Auch mein Neffe saß diesem Fehlerteufel auf.

Sebastian besuchte für ein Jahr im Rahmen eines Work-&-Travel-Programms Australien und war gerade im Nordosten unterwegs, im Bundesstaat Queensland. Nach einem Job in Brisbane peilte er eines der Weltnaturwunder an: das Great Barrier Reef, das größte Korallenriff der Erde. Der britische Seefahrer James Cook war hier mit seinem Schiff, der *Endeavour*, auf Grund gelaufen. Bevor Sebastian aber sein Ziel erreichte, wurde sein Rucksack gestohlen: Der neunzehnjährige Backpacker aus Frankfurt hatte in einem Café einen Latte macchiato getrunken. Als er aufbrechen wollte, war der Stuhl mit seinen Habseligkeiten leer. Da hatte er gerade einen Moment lang die Augen geschlossen und die in Deutschland nicht so unermüdlich scheinende Sonne genossen, und schon hatte ein Dieb seine Verträumtheit ausgenutzt. Alles, was er besaß, war in diesem Rucksack gewesen.

Sebastian fragte sich wacker zur nächsten Polizeistation durch. Schließlich stand er vor einem Beamten. »Was ist Ihr Anliegen?«, fragte der Mann in Uniform freundlich.

Mein Neffe war angenehm überrascht, hatte er doch gelesen, dass Polizisten in Queensland nicht gerade für ihre Liebenswürdigkeit bekannt seien – dieser Beamte widerlegte dieses Vorurteil.

»Sir«, sagt Sebastian. »*I am visiting your country on a work & travel program. And now my body bag was stolen. I have lost everything. What can I do?*«

Der Polizist starrte den jungen Deutschen für einen Augenblick sprachlos an, was wiederum Sebastian irritierte. Was hatte er falsch gemacht? Ich bin doch nicht nackt, überlegte er und guckte an sich herunter, T-Shirt, Jeans, Flip-Flops, alles ganz normal.

»Ist etwas nicht in Ordnung?«, fragte er.

Ein Kollege des Polizisten, der die Szene verfolgt hatte, ahnte das Missverständnis und mischte sich ein.

»*Do you know what body bag means?*«

Eigentlich hatte Sebastian nichts anderes als seinen Rucksack gemeint, aber irgendwie schien das hier nicht zu stimmen.

»Ich bin mir nicht so sicher ...«, antwortete er wahrheitsgemäß.

Der Ordnungshüter klärte ihn umgehend auf. Mein Neffe hatte den Diebstahl eines Leichensacks gemeldet – eine hübsche Anekdote, die Sebastian eines Tages noch seinen Enkeln erzählen wird.

Lost in Translation – so heißt ein Film der amerikanischen Regisseurin Sofia Coppola. Bill Murray mimt darin den leicht abgewrackten Hollywoodstar Bob Harris, der für eine Woche nach Tokio fliegt, um dort mittels einer japanischen Whiskywerbung – für die Marke Santori – sein Image aufzupolieren. Tokio wird für den Amerikaner Harris zur Erfahrung großer Einsamkeit und Sprachlosigkeit. Vermutlich hat fast jeder dieses Gefühl der Verlorenheit schon einmal während einer Geschäftsreise erlebt. Drei, vielleicht vier Tage in einem fremden Land, dessen Sprache und Gebräuche man nicht kennt. Plötzlich stellen wir vieles infrage, weil alles so anders ist, als wir es von zu Hause her gewohnt sind. Das fängt schon beim Aufwachen im Hotelbett an.

Zurück zu Harris: Er möchte duschen, doch der Duschkopf hängt für den hochgewachsenen Amerikaner viel zu tief. Und dann am Drehort, wo der Whiskyspot in Szene gesetzt werden soll, sitzt Bob Harris im Smoking in einem lederbezogenen englischen Clubsessel, ein mit Eistee gefülltes Whiskyglas in der Hand, und verfolgt aufmerksam die wortreichen Anweisungen des japanischen Regisseurs. Wild gestikulierend versucht dieser dem Amerikaner seine Vorstellung vom perfekten Santori-Whiskytrinker zu vermitteln. Bob versteht rein gar nichts, sosehr er sich auch bemüht. Hilfe suchend wandern seine Augen zur Dolmetscherin. Aber vom Redeschwall des Regisseurs bleibt einzig die Bitte übrig: »Schauen Sie in die Kamera wie zu einem Freund.« Einem Freund, den man aufgrund der Differenzen zwischen der japanischen und amerikanischen Kultur nicht versteht. Klar, dass die Japaner ihrerseits beim gemeinsamen Karaoke-Singen nichts mit dem Song »God Save the Queen« der Punkband Sex Pistols anfangen können, den Bob zusammen mit einer ebenfalls verlorenen amerikanischen Seele namens Charlotte präsentiert. »Was ist daran so lustig?«, fragen sie erstaunt.

Ähnliches erlebten Geschäftsleute aus Kanada, den USA und England, aus Italien und Spanien, die nach Deutschland eingeladen waren, um an einer Konferenz teilzunehmen. Der Veranstalter begrüßte die internationalen Gäste mit einem Versprechen: »*All technical infrastructure such as internet, beamers etc. will be provided.*« – Die technische Infrastruktur wie Internet oder Beamer werde man bereitstellen.

Prompt brachen einige Teilnehmer in Gelächter aus.

»Ein BMW für uns alle? Das wird aber eine teure Konferenz werden«, spottete einer der Kanadier.

Der Veranstalter stand auf dem Schlauch, er war so verwirrt, dass er nicht wusste, wie er weitermachen sollte. Die gute Stimmung hätte kippen können, wenn sich nicht einer der Teilnehmer erbarmt und dem Veranstalter erklärt hätte, in welches Fettnäpfchen er getreten war.

»Bei uns in Kanada, aber auch in den USA sowie in England wird nicht das Wort ›Beamer‹ benutzt, sondern *data projector* – ein Beamer ist bei uns ein besonders schnittiger BMW!«

Erleichtert blickte der Veranstalter um sich, endlich wusste er, was er da verbockt hatte.

Wie oft schon, überlegte ich, hatte ein einziges Wort ausgereicht, um den Verlauf einer (Geschäfts-)Beziehung zu beeinflussen. Die Macht der Worte sollte niemand, der international unterwegs ist, unterschätzen. Sogar ein Versprecher kann Unbehagen in einer sonst harmonisch verlaufenden Begegnung auslösen – insbesondere, wenn der Verursacher die Fremdsprache nahezu perfekt beherrscht.

Simone, die für eine Weile in den Staaten arbeitete, erlebte bei ihrem Abschied etwas, das sie nie mehr vergessen sollte. Einen Tag vor ihrer Rückkehr nach Deutschland ging sie mit ihren Geschäftspartnern essen. Nach der Bestellung der Speisen war der Moment gekommen, sich bei allen in der großen Runde für die gewährte *hospitality* (Gastfreundschaft) zu bedanken. Das war Simone eine Herzensangelegenheit. Sie stand auf, hob ihr Glas und sagte: »*Thanks for your outstanding hostility.*« In der Aufregung war ihr das falsche Wort herausgerutscht. Statt sich für die Gastfreundschaft zu bedanken, dankte sie für die Feindseligkeit der Auftraggeber. Zum Glück begriffen alle Anwesenden schnell, dass es sich nicht um eine freudsche Fehlleistung, sondern um eine reine Verwechslung handelte, die jedem von ihnen in einer vergleichbaren Situation hätte passieren können. In einer fremden Sprache eine Rede zu halten, ist eine Herausforderung.

Ein weiteres Beispiel: Rainer löste bei Vertragsverhandlungen mit amerikanischen Geschäftspartnern ein verwundertes Stirnrunzeln aus, als er sagte: »*We are not going to cut ourselves in the flesh.*« – Wir werden uns nicht ins eigene Fleisch schneiden. Damit wollte er deutlich machen, wie ernst man es mit dem Vertrag nahm. Nur lautet die Redewendung im Englischen anders: *cut off one's nose to spite one's face*, und meint auch etwas anderes. In der Hitze des Gefechts neigt man dazu, Wendungen aus der Muttersprache wortwörtlich zu übersetzen. Das habe ich immer wieder feststellen können. *Not the yellow from the egg* hört sich zwar ähnlich an wie »Das ist nicht das Gelbe vom Ei«, ist aber nicht gleichbedeutend damit.

Rainers Fauxpas löste lediglich ein Schmunzeln aus er konnte mit dem Verständnis seiner Vertragspartner rechnen. Aber nicht immer ist das so, weshalb es in der globalen Kommunikation so ratsam ist, genau auf die Worte zu achten, die unsere Lippen verlassen. Letztlich wünschen wir uns, so rüberzukommen, wie wir auch gesehen werden möchten.

Dies hat auch die US-Talkmasterin Oprah Winfrey, die auf eine fünfundzwanzigjährige Fernsehkarriere und etwa 50 000 gefühlte Interviews zurückblickt, bestätigt. So unterschiedlich die von ihr interviewten Präsidenten, Nobelpreisträger, Philosophen, Autoren, Filmgrößen oder »Nachbarn von nebenan« waren, eines hatten sie gemeinsam: Sobald die Kamera ausgeschaltet war, wollte jeder – selbst ein Barack Obama oder ein Nelson Mandela – wissen: »War das okay? Bin ich gut rübergekommen?« Mit jeglicher Kommunikation, unabhängig von deren Art und Qualität, verfolgen wir offensichtlich ein bestimmtes Ziel: Wir möchten, ganz gleich ob beruflich oder privat, sympathisch, ansprechbar, professionell und unbedingt vertrauenswürdig wirken. Vom ersten Moment an will im Grunde jeder beim anderen den Eindruck hinterlassen: Mit diesem Menschen lässt sich reden, mit dem kann man gut zusammenarbeiten.

Keineswegs möchten wir erleben, was Werner, Mitte fünfzig und Geschäftsführer einer mittelständischen technischen Firma in Hamburg, widerfuhr. Wobei ich kühn behaupte, dass fast jeder deutsche Geschäftsmann oder jede deutsche Geschäftsfrau schon einmal Ähnliches erlebt hat: Ein Termin lief aus unserer Sicht perfekt, nur sah das der potenzielle ausländische Geschäftspartner vollkommen anders.

Werner und einige Leute aus seinem Team waren auf dem Weg in den Oman, um dort über ein prestigeträchtiges Bauprojekt zu verhandeln. Sie hofften auf gute Zusammenarbeit und entsprechend lukrative Aufträge.

Der Anflug auf den Muscat International Airport auf der Arabischen Halbinsel war für sich genommen schon ein Ereignis. Diese ungeheure Weite, diese Unendlichkeit, die riesigen Dünen- und Sandflächen. Kilometerlange Bergketten in nie gesehenen Formen und Farben. Werner war überwältigt, dabei war er weit gereist und hatte schon einige exotische Landschaften zu Gesicht bekommen. Als der Pilot sich aus dem Cockpit an die Passagiere wandte, fühlte Werner sich in seinen Empfindungen bestätigt. »Unter uns liegt eine der für mich schönsten Wüsten dieser Welt«, hörte er den Captain sagen. »Bereits unzählige Male bin ich diese Strecke geflogen, doch immer wieder bin ich ergriffen von dem, was ich unter mir sehe.«

Die Gastgeber aus dem Oman, einer absolutistischen Monarchie mit rund drei Millionen Einwohnern, erklärten Werner das Bauprojekt, bewirteten ihn mit opulenten Festmahlen, nahmen ihn mit auf eine unvergleichliche Wüstensafari und zu einem Helikopterflug. Sie übertrafen mit ihrer Gastfreundschaft und Großzügigkeit alles bisher Erlebte. Zudem verliefen die Gespräche ausgesprochen positiv und konkret. Mit einem warmen »*It was great having you here. We love your products. This will be a great cooperation. You will hear from us*« wurde der Hamburger verabschiedet.

In seiner fast dreißigjährigen Berufstätigkeit hatte Werner einen untrüglichen Instinkt entwickelt und konnte berufliche Situationen gut einschätzen. Darauf verließ er sich auch in diesem Fall: Eindeutig rechnete er sich Chancen für einen Zuschlag aus, war sich sogar ganz sicher, dass diesem Projekt im Prinzip nichts mehr im Wege stehen konnte. Schon während des Rückflugs begannen er und sein Team mit der Konzeption detaillierter Projekt- und Einsatzpläne, die sie – zurück in Deutschland – in wochenlanger emsiger Arbeit ausfeilten.

So vielversprechend die Begegnung im Oman gewesen war, Werner hörte nie wieder von seinen Gastgebern, trotz des Versprechens, sich zu melden. Sämtliche Versuche, Kontakt aufzunehmen, direkt oder über Mittelsmänner, blieben unbeantwortet.

Noch heute fragt sich Werner: »Warum habe ich die Situation derart falsch eingeschätzt?« Seufzend fügte er einmal hinzu: »Was würde ich dafür geben zu erfahren, was da nicht geklappt hat.«

Da ich nicht dabei gewesen bin, kann ich nicht beurteilen, was ausschlaggebend gewesen ist, dass es nicht zu der erhofften Kooperation kam. Aus meiner Erfahrung als Dolmetscherin bei der UN vermag ich nur Vermutungen anzustellen. Nur weil ein möglicher Geschäftspartner aus dem Oman gastfreundlich und zuvorkommend ist, kann man daraus noch keine Schlüsse für eine spätere Zusammenarbeit ableiten. Großzügige Gastfreundschaft gehört nun einmal in der arabischen Welt zum guten Ton, mehr noch, sie ist wesentlich für die arabische Kultur.

Mit anderen Worten: Es bringt wenig, wenn sich ein deutscher Geschäftsmann nach einem solchen Erlebnis hinsetzt und überlegt, was schiefgelaufen ist. Schauen wir uns lieber die Sprachbeispiele an, um künftig mehr zu erreichen.

Und immer lockt das Fettnäpfchen

Die Liste der Fehler, die wir Deutsche gern im Englischen machen, ist unendlich lang. Hier eine kleine Auswahl:

Wenn aus einer Irritation echter Ärger wird

Ein deutscher Geschäftspartner war über einen Beschluss aus dem amerikanischen Mutterkonzern äußerst verwundert und vermochte diesen partout nicht nachzuvollziehen. »*Our team is* […] aufhin seinen US-Kollegen. Doch die […] n ziemlich verärgert. Warum?

[…]ed (irritiert) verbinden wir Deutschen […]merikaner. Ein Wort hat neben der ei[…]ne uneigentliche, bei der viele Neben[…]ngen können. Individuell und kulturell […] vordergründig klar definierten Begriff […]ben. So hören wir Deutsche, wenn sie […]rnehmen, noch Folgendes mit: verunsi[…]ft. Amerikaner sind da ganz anders getaktet, sie assoziieren *irritated* viel stärker mit *annoyed*, was wiederum »verärgert, vor den Kopf gestoßen« bedeutet.

Klar, dass der Deutsche da in ein richtig schönes Fettnäpfchen getreten ist. Um das zu vermeiden, sollten Sie gerade bei E-Mails das Wort *irritated* vermeiden. Ihre Verwunderung lässt sich dennoch angemessen zum Ausdruck bringen. Gute Alternativen, um in unangenehmen Situationen gekonnt und professionell nachzuhaken, sind:

- *Have we understood you correctly? We wonder why …?*
- *Our team is surprised/uncertain/puzzled …*

Leichenschau statt Sportgenuss?

Sind Sie ein Fan von Public Viewing? Finden Sie nichts toller, als bei großen Fußballereignissen zusammen mit anderen vor einer Riesenleinwand live mitzufiebern und die Daumen zu drücken? Ein gigantisches Fest unter freiem Himmel ist dieses »Rudelgucken« allemal. Doch während Deutsche unter Public Viewing ganz konkret eine Freiluftfernsehveranstaltung verstehen, bei der elf Freunde gegen elf andere Freunde antreten, ist der Begriff im Amerikanischen viel weiter gefasst und hat dort sogar einen makabren Beigeschmack: In den USA wird er nämlich auch für die öffentliche Aufbahrung unbekannter Toter verwendet, die man auf diese Weise zu identifizieren hofft.

Wollen Sie einen Amerikaner also zum Public Viewing mitnehmen, vermeiden Sie besser diesen Ausdruck, denn das könnte das Ende einer gerade begonnenen Freundschaft sein. Aber wie machen Sie dem anderen klar, dass er unbedingt zum Rudelgucken mitmuss? Ganz einfach, verwenden Sie zum Beispiel folgende Formulierung, mit der Menschen weltweit Sport und Spaß assoziieren:

- *Public screening of the European Championship games*

Schwangere Argumente?

Thank you for this pregnant argument/hint – mit diesem Satz bedanken wir uns für das »schwangere Argument«, den »schwangeren Hinweis«. Eigentlich ist uns klar, dass *pregnant* »schwanger« bedeutet, dennoch rutscht uns die Vokabel schnell über die Lippen, wenn wir das deutsche Wort »prägnant« in englischer

Sprache ausdrücken wollen. Wenn es passiert ist, fasst man sich an den Kopf. Diese Verwechslung ist ein ganz typisches Fettnäpfchen, in das Sie allerdings nicht hineintreten müssen. Trainieren Sie ihr Hirn, auf bedeutungsschwangere Argumente zu verzichten und klar und verständlich zu formulieren:

- *Succinct* und *concise* sind die direkten Übersetzungen für prägnant.
- Ein prägnantes Design/Muster ist *eye-catching*.
- Mit *important/impactful* kann man zum Ausdruck bringen, wenn etwas wichtig beziehungsweise bedeutungsvoll ist.

Dick statt großartig?

Eigentlich wollte die Eiskunstlauflegende Katarina Witt als Jurorin der englischen Fernsehshow *Dancing On Ice* nur nett sein und ein Kompliment machen, leistete sich jedoch einen fatalen Übersetzungsfehler. Bei dieser Show, die in abgewandelter Form auch in Deutschland lief, trainieren Profieiskunstläufer mit mehr oder weniger bekannten Prominenten. Am Ende wird die Kür auf Kufen von der Jury bewertet. Katarina Witt, die viele Jahre in Amerika lebte, wollte die Kanadierin Chemmy Alcottals für eine gelungene Hebefigur loben und sagte: »*You are a big women.*« Was so nett gemeint war, ließ die »Gelobte« in Tränen ausbrechen und schockierte ein Millionenpublikum. Wegen dieses im Grunde recht kleinen Fehlers musste sich Kati Witt tagelang einer aufgebrachten Boulevardpresse stellen und sich immer wieder entschuldigen: »Das war ein Sprachen-Ding. Mir tut das total leid! Sorry, sorry Großbritannien.«

Big woman bedeutet nämlich nicht *großartige Frau*, sondern *dicke Frau*. Kein Wunder, dass diese Charakterisierung nicht wohlgefällig aufgenommen wurde.

Damit Sie *big in business* bleiben und nicht wie Kati Witt als respektlos kritisiert werden, wappnen Sie sich mit Worten wie:

- *a great, professional, successful, top notch businesswoman/ man*
- *a leading, opinion-making statesman/politician/journalist*
- *an admirable, great woman/man*

So kommt Ihre Anerkennung auch wirklich als Lob an!

All diese Geschichten, die mir nach und nach einfielen, brachten mich dazu, über das weite Feld der Kommunikation genauer nachzudenken. Je länger ich das tat und je mehr Erlebnisse und Beispiele ich im Kopf rekapitulierte, desto mehr wurde mir nicht nur die Bedeutung von Kommunikation bewusst, sondern auch welch unterschiedlichen Stellenwert und welch unterschiedliche Funktion sie in den verschiedenen Ländern hat. Italiener oder Franzosen verwenden sie strategisch: um etwas zu verkaufen, aber auch um Beziehungen aufzubauen und ihre Kontakte zu pflegen. Deutsch hingegen scheint tatsächlich eine Art »Ingenieurssprache« zu sein: sehr funktional, sehr pragmatisch und sehr effizient. Mir wurde klar, dass all dies mit differierenden sprachlichen Entwicklungen zu tun haben muss, die wiederum mit bestimmten kulturellen Prägungen zusammenhängen. Fragt sich nur, mit welchen?

Mein kleines Abenteuer begann. Es musste doch möglich sein, die zweifellos vorhandenen Qualitäten unserer Art des Kommunizierens durch ein größeres empathisches Verständnis zu ergänzen und zu bereichern. Damit wir Deutsche so professionell wahrgenommen werden, wie wir es verdienen. Dazu gehörte nicht bloß, die Sprachkenntnisse zu vertiefen, sondern Kommunikation als das zu begreifen, was sie wirklich ist. Lange suchte ich nach dem richtigen Wort oder besser gesagt nach einem Bild, um zu verdeutlichen, was mir vorschwebte. Dann, durch ausdauerndes Beobachten aus meiner Dolmetscherkabine heraus, fand ich es: Gute Kommunikation ist ein sozialer Tanz.

Ohren auf

Klassische Missverständnisse im Ausland oder mit ausländischen Gesprächspartnern gibt es immer wieder. Wir fallen auf »falsche Freunde« herein, verhaspeln uns, übersetzen Redewendungen wortwörtlich, obwohl wir genau wissen, dass Humor nicht unbedingt eins zu eins übertragbar ist. Doch diese Missverständnisse geben der Kommunikation in der Regel die Würze, sind wie das Salz in der Suppe. Sie bringen uns gelegentlich zum Erröten oder zum Lachen und sind immer eine Anekdote wert. Um sie allein geht es aber hier nicht. Meine Reise in andere Sprachkulturen ließ mich noch ganz andere, wesentliche Dinge entdecken.

3
»Fare una bella figura« – das können wir auch

Wiener Opernball. Der ganz große Auftritt. Ein Walzer nach dem anderen wird gespielt, einer schöner als der andere. Eine wunderbare Musik, ein herrlicher Abend in den Räumlichkeiten der Wiener Staatsoper. Auf einmal heißt es: »Damenwahl«. Ich denke an meine Idee von einem internationalen kulturellen Sprachcode und möchte die Gelegenheit nutzen: Ich werde mich zu jenem Herrn mit dem ansprechenden Lachen begeben. Schon den ganzen Abend ist er mir immer wieder aufgefallen; anscheinend ist er wie ich ohne Begleitung zu diesem gesellschaftlichen Highlight erschienen. Während ich auf ihn zusteuere, überlege ich mir, wie ich ihn ansprechen soll. »Darf ich bitten?« Oder: »Was für ein schöner Abend? Wollen wir zusammen eine Runde tanzen? Ja?« Doch als ich vor ihm stehe, haben sich alle Formulierungen, die mir durch den Kopf gegangen sind, in Luft aufgelöst. Stattdessen sage ich: »Guten Abend, mein Name ist Susanne Kilian. Ich bin eine wirklich gute Dolmetscherin. Davon können Sie ausgehen.«

Augenblicklich schwindet das Lächeln aus dem Gesicht des Mannes – da ist eindeutig etwas danebengegangen. Aber was genau? Klar, ich bin zu eckig, zu direkt gewesen. Und keineswegs als reizvolle Blume rübergekommen, mit der man sich durch den Ballsaal drehen möchte. Aber das war nicht alles. Es ging nicht nur um meine Kantigkeit, um meine Unverblümtheit. Schuld an meinem missglückten Auftreten war die Erwartungshaltung, die ich hätte erfüllen sollen, aber nicht erfüllt habe. Die mit der Situation »Opernball« verbunden, mir in diesem Moment jedoch nicht bewusst war. Ähnliches erleben wir auch in anderen Situationen, geschäftlich und privat. Das Lächeln, das aus dem Gesicht unseres Gegenübers weicht, signalisiert, dass der andere durch unser Verhalten befremdet ist, dass wir eine Erwartung nicht erfüllt haben. Und damit haben wir unser Ziel, den anderen für uns zu gewinnen, verfehlt. Wir lösen mit unpassender Kommunikation bei anderen Gedanken aus, die glatt das Gegenteil von dem hervorrufen, was wir beabsichtigen. Da hilft auch ein angenehmes Äußeres nicht. Doch was war der Grund dafür, dass ich meine tollen Worte, die ich mir auf dem Weg zu dem Auserwählten ausgedacht hatte und die bestimmt passender und erfolgreicher gewesen wären, nicht aussprach? Mir fiel da etwas ein.

»Komm zum Punkt! Stiehl dem anderen nicht die Zeit! Mach es kurz! Sag, wie es ist.« Von Kindesbeinen an werden Jungen und Mädchen hierzulande mit solchen oder ähnlichen Aussagen von Erwachsenen mit den besten Absichten erzogen. Zuerst von den Eltern, dann von den Lehrern; später hält man uns im Beruf zu solchem Verhalten an. Nie hat man die entnervten Blicke vergessen, die man schon als Kind erntete, weil man zu weit ausholte. Und entsprechend reagieren wir als Erwachsene, wenn jemand redet und redet und redet und nicht zum Punkt kommt. Wenn ein Kollege unentwegt wenig Interessantes erzählt. Da läuft sofort ein inneres Programm ab, wir werden ungeduldig, zappelig, treten von einem Bein aufs andere, können sogar richtig sauer werden, weil der andere nicht effizient mit uns kommuniziert. Es geht aber noch weiter: Wir empfinden das als körperlich anstrengend, es tut geradezu weh. Einem Menschen länger zuzuhören, der nicht sagt, was Sache ist, dazu sind wir nur bereit, wenn derjenige uns dafür einen guten Grund liefert. Gibt es keinen, öffnen wir erst gar nicht die Gehörgänge.

Der gute Grund – auch das ist so eine deutsche Spezialität. Ich erinnere mich an Situationen mit Kollegen, wenn wir zusammen essen gegangen waren. Italiener, Spanier, Engländer – sobald sie gehen wollten, verabschiedeten sie sich einfach mit freundlichen Floskeln und ein paar netten Worten über das gelungene Zusammensein, begründeten aber niemals ihren Weggang. Nur ich selbst sagte, wenn ich mich früher als die anderen von meinem Platz erhob: »Ich muss leider gehen, ich bin müde, außerdem muss ich morgen wieder früh raus.« Die Kollegen in der Runde schauten mich dann mit einem eher seltsamen Gesichtsausdruck an. Ihnen war es fremd, einen Grund für ihren Aufbruch zu nennen. Wir Deutsche tun das ständig und bemühen gleichermaßen den Chef wie den Babysitter oder die letzte Bahn. Wir kämen nie auf die Idee, dass wir mit solchen Aussagen beispielsweise das Ehrgefühl eines

Arabers zutiefst verletzen könnten. Der würde die Begründung auf sich selbst münzen und sie folgendermaßen interpretieren: »Ich ermüde dich wohl, ich bin ein langweiliger Tischnachbar und Gesprächspartner.«

Anscheinend wurden wir Deutsche nicht nur auf klare Aussagen konditioniert, sondern uns wurde auch eingeimpft: »Gründe sind wichtig.« Doch Gründe haben nicht überall den hohen Wert wie in unserer Kultur.

Was Sie besser machen können: Lassen Sie Ihre Erklärungen, warum Sie gehen, links liegen und verabschieden Sie sich stattdessen mit einem Kompliment à la: »*What a great evening, I so much enjoyed talking to you. What a pity I have to leave.*«

Eine Freundin von mir, Inderin und eine großartige Juristin, stöhnt gelegentlich: »Ich muss mindestens hundert Jahre alt werden, um euer deutsches Rechtssystem zu verstehen. Bei euch gibt es ungefähr fünfzig Gründe, jemanden zu töten – von der fahrlässigen Tötung bis zum Affekt. In meiner Heimat kommen wir mit weitaus weniger aus. Für uns ist das Ergebnis wichtig: Mord ist Mord, tot ist tot. Euch scheint dagegen eher der Grund wichtig zu sein, das Motiv.«

Jedes Mal, wenn ich Rukmini zuhöre, denke ich an Marianne Bachmeier. Sie hatte 1981 im Gerichtssaal in Lübeck den Mann erschossen, der angeklagt war, ihre siebenjährige Tochter Anna umgebracht zu haben. Dieser Mord war keineswegs zu rechtfertigen, dennoch beruhigte es mich zu wissen, dass eine Mutter, die Selbstjustiz verübt hatte, in Deutschland ein anderes Strafmaß erhielt (sie wurde wegen Totschlags verurteilt) als jemand, der aus Habgier oder nach jahrelanger Planung tötete.

Damals antwortete ich meiner indischen Freundin: »Ja, uns ist es sehr wichtig herauszufinden, warum jemand etwas tut.«

In anderen Ländern wird anders kommuniziert, das wurde mir in meinem Dolmetscheralltag immer deutlicher. Ich fragte mich also: Mit welchen Vorstellungen werden Kinder aus anderen Kulturen erzogen? Da meine Kollegen, Freunde und Bekannte aus aller Herren Länder stammten, begann ich sie konkret zu befragen: »Wie werden bei euch die Kinder erzogen? Werden sie, wenn sie mit anderen reden, wie bei uns in Deutschland dazu angehalten, auf den Punkt zu kommen?« Alle, die ich ansprach, schauten mich verwundert an. »Nein«, lautete jedes Mal die Antwort. »Kinder lernen bei uns, das, was sie sagen möchten, nett zu verpacken. Sie sollen sich genau überlegen, was das, was sie zum Ausdruck bringen wollen, bei einem anderen Menschen auslöst.« Eine Japanerin meinte: »Bei uns heißt es: Lass den anderen nie das Gesicht verlieren.« Und ein Franzose gab mir zu verstehen. »Wir begreifen Sprache als eine Art Tanz, und dieser Tanz erfolgt nach festen sozialen Regeln.« Das Wort »Tanz« hörte ich öfter, ich lag mit meinem »sozialen Tanz« also gar nicht so falsch. Für Deutsche musste das alles aber befremdlich klingen, dachte ich bei mir. Kein Wunder, wer brachte einem schon Sprache als Tanz bei?

Noch etwas anderes machte mich hellhörig: »Warum sagt ihr Deutschen eigentlich so selten ›Das ist fantastisch‹, ›Das ist ganz wunderbar‹, ›Das ist herausragend‹?«, wurde ich häufig gefragt. Meist von Amerikanern, die *marvellous, fantastic* oder *outstanding* ausgesprochen gerne nutzen, was wir wiederum ziemlich nervig finden. Ihre Beobachtung stimmte jedoch: Warum benutzen wir so selten positive Adjektive? Warum verwenden wir kaum Worte, die Begeisterung ausdrücken? Man muss es ja nicht übertreiben, aber wie oft hören wir tatsächlich etwas wie »Das ist ja großartig!«, noch dazu von einem Vorgesetzten?

Und wenn man etwas gesagt bekommt, das Wörter wie »herausragend« oder »außergewöhnlich « enthält – freut uns ein solches Lob überhaupt? Habe ich vor Glück gestrahlt, als ein Chef das eine oder andere Mal meine Arbeit als »fantastisch« bezeichnet hat? Erst einmal stieg dann meine innere Betriebstemperatur. Die Herzfrequenz erhöhte sich, der Puls wurde schneller. Stress war angesagt. Was will der denn von mir? Soll ich meinen Urlaub verschieben? Unentgeltlich Überstunden machen? Auf das Weihnachtsgeld verzichten? Wurde meine Arbeit ausdrücklich gelobt, dachte ich sofort an Sanktionen, anstatt mir zu sagen: »Toll, ich habe was gut gemacht, der heutige Tag ist mein Freund!« Ausdrückliches Lob war stets mit einem Zweifel verbunden: Hatte der andere das ernst gemeint, wirklich ehrlich? Vielleicht hatte ich mich ja verhört? Erst nach längerem Nachdenken war ich bereit, das Lob anzunehmen, wenngleich nach wie vor eher verhalten: »Stimmt, in der letzten Zeit habe ich mich schon sehr bemüht. So schlecht kann meine Arbeit also nicht gewesen sein.«

Eine andere Gesprächssituation, in der wir Deutschen uns kulturell gewandter zeigen könnten, ergibt sich häufig bei der Begegnung etwa mit Japanern oder Vertretern der angelsächsischen Sprachgruppe. Beide benutzen, wenn sie ihre Ansichten oder Meinungen ihrem Gesprächspartner darlegen, gern folgende Wendung:

- *I've heard that – Ich habe gehört, dass ...*

Wir fragen dann gerne nach, wollen das immer sehr genau wissen:

- *Who told you? – Wer sagt das?*

Das verschrecke unser Gegenüber, versicherten mir Freunde aus diesen Kulturkreisen, denn um eine Konkretisierung gehe es ihnen nicht. Es sei bloß eine relativierende Floskel. Und schon ist für das Gespräch eine gemeinsame Basis, die sich gerade aufbaute, futsch.

Je länger ich über uns Deutsche nachdachte, umso mehr beschäftigte mich die Frage, ob es auch andere Nationen gibt, die ähnlich direkt kommunizieren. Einen Nachbarn nach dem anderen hakte ich ab. Alle schienen ein anderes Kommunikationsschema zu haben. Halt! Da gab es noch die Finnen! Durch den Kontakt mit meinen finnischen Kollegen wusste ich, dass Finnen tatsächlich ruhiger waren, wenig sprachen, doch wenn sie etwas sagten, hatte das immer Hand und Fuß. Auch kamen sie stets auf den Punkt. Mit der Sprachentwicklung konnten diese Gemeinsamkeiten allerdings nichts zu tun haben, denn das Finnische und das Deutsche gehören unterschiedlichen Sprachfamilien (finnisch-ugrische beziehungsweise indogermanische) an. Folglich musste es eine ähnliche kulturelle Basis geben – manchmal schienen mir die Finnen noch »deutscher« zu sein als wir.

Wie beispielsweise 2008 bei der Schließung des Nokia-Werks in Bochum. Als der CEO des finnischen Handykonzerns, Olli-Pekka Kallasvuo, verkündete, man werde sich aus Wettbewerbsgründen aus Deutschland zurückziehen und künftig in Rumänien produzieren, hagelte es wüste Beschimpfungen, und in den Medien war von »hoch bezahlten Söldnern« und »geldgierigen Egoisten« die Rede. Anitta, eine finnische Kollegin – sie hatte damals die Verträge gedolmetscht –, erklärte mir: »Wir Finnen sind eher überkorrekt, wenn es um Verträge geht, wir halten uns daran. Die Bedingungen des deutschen Standorts waren von vornherein mit der Landesregierung in Nordrhein-Westfalen abgesprochen, auch die Schließung des Bochumer Werkes nach einer bestimmten Zeit war von vornherein vereinbart worden. Nur verstehen die Finnen nie, dass sie in dieser direkten Form nicht kommunizieren dürfen, nicht einmal mit den Deutschen, die ja selbst zur Direktheit neigen.«

Ich stutzte, anscheinend gab es tatsächlich noch eine Steigerung, was effizientes Miteinander betraf, nämlich die knappe Kommunikation der Finnen. Olli-Pekka Kallasvuo sei dann auch der letzte finnische CEO von Nokia gewesen, auf ihn folgte ein Kanadier, erzählte Anitta weiter: »Legendär war Kallasvuos Auftritt bei der CeBIT 2006 – damals herrschten in puncto mobile Telefonkommunikation noch Goldgräberzeiten. Als Kallasvuo also die Messe eröffnete, trat er vors Mikrofon und sagte: ›Ich soll Sie herzlich willkommen heißen und ein paar warme, freundliche Worte sagen. Ich kann nur sagen, das Essen hier ist hervorragend, noch besser sind die Getränke. Esst, trinkt, habt Spaß! Das Reden sparen wir uns für das nächste Jahr auf, denn dann hat der Markt Sie bereinigt, dann sind bloß noch zwanzig Prozent von Ihnen hier, dann können wir reden.«

»Er behielt recht«, wandte ich ein.

»Ja, seine Prophezeiung erfüllte sich«, bestätigte Anitta.

»Aber nie wieder durfte er auf der CeBIT sprechen.«

»Zeugt es denn nicht auch von Qualität zu sagen, was Sache ist?«

»Natürlich, nur kommt das bei vielen nicht gut an.«

»Kennst du noch weitere Sprachen, in denen so direkt kommuniziert wird?«, fragte ich sie.

»Lettisch, Hebräisch«, zählte Anitta auf, »und deine Muttersprache Deutsch. Mehr fallen mir gerade nicht ein.«

»So furchtbar viele sind das nicht.«

»Stimmt.«

»Das heißt, wir müssen uns auf einen anderen Kommunikationsstil einstellen, wenn wir Deutsche etwas erreichen wollen.«

»Oder wir Finnen.« Anitta seufzte.

Es gibt also ein paar Nationen, die noch direkter sind als wir Deutschen, doch die Mehrheit fühlt sich von ihnen überfordert. Und weil wir international zusammenwachsen, wird es immer wichtiger, Inhalte in »schöne Worte« zu verpacken, um sie gefälliger zu präsentieren.

Ohren auf

Wir alle wissen, wie wir uns auf dem Wiener Opernball verhalten müssten, um sympathisch und anziehend auf andere zu wirken. Darum geht es natürlich nicht. Der Wiener Opernball ist für Sie lediglich ein Bild, das Sie zu einer Transferleistung anregen kann: Sie entwickeln auf diese Weise ein feines Gespür dafür, dass bei jeder Begegnung mit Menschen anderer Nationen erst einmal eine Runde Wiener Opernball angesagt ist. Im wahrsten Sinne des Wortes.

4
Wir nehmen's wortwörtlich

Seit dem Gespräch mit meiner finnischen Kollegin Anitta bezeichne ich das Deutsche, Finnische, Lettische oder Hebräische als direkte Sprache, auch wenn das ein Terminus ist, den es so nicht gibt. Linguisten würden also den Kopf über meine Wortwahl schütteln. Da ich jedoch keine Sprach- und auch keine Kommunikationswissenschaftlerin bin, kann mir das egal sein. Hauptsache, ich weiß, was damit gemeint ist: Wer direkt redet, nimmt den Tanz mit der Sprache nicht auf, beherrscht es nicht, bestimmte Inhalte in »schöne Worte zu kleiden«, muss die Tanzregeln der internationalen Sprachetikette erst lernen, um es besser zu machen als Olli-Pekka Kallasvuo, Sascha oder ich.

Anfang der Neunzigerjahre unternahmen meine russische Freundin Sveta und ich eine fünftägige Lettland-Reise. Nach einer abenteuerlichen Zugfahrt kamen wir in Riga an und wurden von Nikolaj empfangen, der uns in den nächsten Tagen die baltische Hauptstadt zeigen sollte.

Natürlich begann er – im Schnelldurchlauf – mit den Museen: Lettisches Okkupationsmuseum, Lettisches Geschichtsmuseum im Rigaer Schloss und Nationales Kunstmuseum. Von einer Pause keine Spur, Nikolaj nahm seinen Auftrag sehr ernst. Irgendwann fragte ich den jungen Mann: »Können Sie mir sagen, wo hier eine Toilette ist?«

Bislang hatte ich noch kein entsprechendes Schild entdeckt. Da im Lettischen wie in allen indogermanischen Sprachen die lateinische Schrift verwendet wird, konnte ich einen solchen Hinweis nicht übersehen haben. Aber weit und breit kein rettender Wegweiser.

Nikolaj schien bei meiner Frage wie vom Donner gerührt. Er starrte mich an, dann hüstelte er verlegen, schließlich rang er sich zu ein paar Worten durch: »Ach, Sie wollen sich die Hände waschen?«

Unbedarft antwortete ich: »Nicht nur das, ich müsste auch dringend aufs Klo.«

Jetzt wurde Nikolaj zur Salzsäule. Nachdem er sich etwas erholt hatte, blickte er sich Hilfe suchend nach Sveta um, doch die wandte sich verlegen ab.

Nach einer weiteren Pause und unschlüssigem Auf-der-Stelle-Treten rettete unser Reiseführer die Situation. Vorsichtig formulierte er: »Sie benötigen also den Ort, den menschliche Wesen mehrmals am Tag aufsuchen, um sich gewisser Dinge zu entledigen und sich danach befreiter zu fühlen?«

Jetzt war ich verwirrt und drehte mich zu der immer noch verlegenen Sveta um. Zum Glück antwortete sie für mich: »Ja, genau, Susanne muss sich die Hände waschen.«

Nachdem mir Nikolaj jenes unaussprechliche und dennoch so notwendige stille Örtchen gezeigt hatte, wurde mir klar, dass man hierzulande nicht nach der Toilette fragte, schon gar nicht nach einem Klo, sondern nach einer Möglichkeit, sich die Hände zu waschen. Unaussprechliches ist uns eher fremd, und auch gestelzte Beschreibungen stehen unserer direkten Ausdrucksweise entgegen. Nie hätte ich angenommen, mit dem Aussprechen eines einzigen Wortes meine russische Freundin derart in Verlegenheit bringen zu können.

Als ich mir auf dem »Ort der Erleichterung« die Hände wusch und in den Spiegel schaute, musste ich laut losprusten. Die anderen Frauen neben mir stimmten in mein Lachen ein, ohne zu wissen, warum ich so fröhlich war. So fand ich mich in Riga auf einer Museumstoilette unter fröhlich lachenden Frauen wieder – hier zumindest funktionierte er, der internationale Tanz.

Nicht immer allerdings lösen sich Kommunikationsschwierigkeiten am Ende so einfach in Wohlgefallen auf, wie das Beispiel meiner Freundin Cordula zeigt. Sie und ihr Mann Boris lernten eines Tages Kaweh kennen – einen Iraner, der in Bonn Betriebswirtschaft studieren wollte. Die beiden halfen ihm bei der Wohnungssuche, bei den Behördengängen und beim Pauken für die Sprachprüfungen. Als Gegenleistung für ihre Unterstützung kochte er für sie gelegentlich persische Gerichte und brachte ihnen die Kultur und Geschichte seiner Heimat nahe. Cordula und Boris lernten den Iran zu lieben, und bald schmiedeten sie Reisepläne. Kawehs Familie in Isfahan wollte seine Freunde gern in ihrem Haus willkommen heißen.

Sie wurden aufs Herzlichste umsorgt und bewirtet. Eines Abends fragten die Eltern Cordula, was sie an der persischen Kultur besonders schätze. »Perserteppiche«, antwortete sie prompt. »Am liebsten die mit dem Farahan-Muster in der Mitte.«

Kawehs Familie ließ daraufhin alle ihre Beziehungen spielen, um dem Bonner Ehepaar den Besuch bei einem der führenden Händler der Region zu ermöglichen.

Sprachlos standen die beiden kurz darauf mit ihrem iranischen Freund vor dem Wohnsitz des Teppichhändlers: Vierzig Säulen spiegelten sich in einem großen Wasserbecken vor dem palastartigen Gebäude. Kaweh erklärte ihnen, dass die Zahl Vierzig in der persischen Literatur für Fülle und Überfluss stehe. Als sie die Vorhalle betraten, waren sie geblendet von den erlesenen Mosaiken und Goldschmiedearbeiten. So etwas Prachtvolles hatten die Besucher nie zuvor in einem privaten Haus gesehen und waren entsprechend beeindruckt.

Ramin, ein Sohn der Familie, begrüßte sie und wandte sich an meine Freundin: »Cordula, Sie sollen eine Kennerin persischer Knüpfkunst sein, vor allem schätzen Sie wohl Farahan-Teppiche. Darf ich Ihnen unsere bescheidene Sammlung zeigen?« Ramin sprach fließend Deutsch, er hatte in München studiert.

Cordula konnte nur nicken, das überwältigende Ambiente hatte sie sprachlos gemacht. Sie wurde in einen Raum mit auffallend schönen Teppichen geführt und konnte sich nicht sattsehen an den Rapportmustern, die in seltenen und kostbaren Farben leuchteten. Kette und Schuss waren perfekt und dick gehalten, der Flor aus erstklassiger Wolle, wie sie beim Darüberstreichen mit der Hand bemerkte.

»Das sind wahre Kunstwerke«, flüsterte Cordula ehrfürchtig, als könnte eine zu laute Stimme die kostbaren Teppiche zerstören.»So etwas Schönes kenne ich nicht einmal aus Museen.«

Ramin lächelte, dann antwortete er etwas gestelzt und befremdlich für die Ohren meiner Freundin: »Ach, ich bitte Sie, meine Teppiche können nur die Schönheit spiegeln, die Sie in ihnen sehen. Und da Sie so viel Freude daran haben, müssen Sie einen als Andenken mit nach Hause nehmen. Bitte, wählen Sie. Machen Sie mir die Freude.«

Wie bitte?, dachte Cordula. Bot ihr dieser ungemein sympathische Iraner mit dem markanten Gesicht etwa tatsächlich ein Geschenk an? Oder war das ein verklausuliertes Kaufangebot? Niemals könnten sie sich solch ein Prachtstück leisten.

Cordula lehnte kategorisch ab: »Danke Ramin, aber so ein Geschenk wäre viel zu kostbar, das kann ich nicht annehmen.«

Der Iraner ließ nicht locker: »Erweisen Sie mir die Ehre. Der Teppich, der Ihnen am besten gefällt, kann nur Ihnen gehören. Wählen Sie!«

Wieder weigerte sich meine Freundin, das Angebot anzunehmen.

Nachdem sie noch weitere edle Stück bewundert hatten, schlug Ramin vor, sie sollten doch zum Abendessen bleiben. Keiner hatte etwas dagegen einzuwenden. Zudem wäre es unhöflich gewesen, Nein zu sagen, so viel wussten Cordula und Boris inzwischen von den Traditionen des Landes.

Es gab ein vorzügliches Essen, es wurde viel gelacht und natürlich ausführlich über persische Teppiche gefachsimpelt. Und immer wieder forderte Ramin Cordula auf, sich einen seiner Schätze auszusuchen.

Die aber fühlte sich zunehmend in die Enge getrieben. Wie war das mit Großzügigkeit und Ehre in Vorderasien? Durfte man ständig Nein sagen? Auch Kawehs Miene verriet ihr nicht, wie sie sich zu verhalten hatte. Schließlich, bei der Verabschiedung, rollte sie wie ferngesteuert einen der kostbaren Teppiche ein. Sofort wurde es alarmierend still im Raum. Cordula sah Kaweh, der leichenblass geworden war, Hilfe suchend an. Erst im Nachhinein begriff sie, dass sie ihren großzügigen Gastgeber allzu sehr beim Worte genommen hatte. Da waren zwei kulturelle Codes ohne tiefer gehendes Verständnis für den jeweils anderen aufeinandergeprallt.

Ein ganz ähnliches Missverständnis erlebte Marko, ein Junge aus dem ehemaligen Jugoslawien. Die Geschichte spielte sich vor längerer Zeit ab, doch sie ist beispielhaft bis heute: Nach ihrer Flucht aus dem Kosovo, bedingt durch die Balkankriege, hatten Marko und seine Eltern in der Nähe von Ulm endlich ein neues Zuhause gefunden. Vater und Mutter gingen einer geregelten Arbeit nach. Die Angst war langsam von ihnen abgefallen, und der Achtjährige fühlte sich allmählich geborgen. Eine besonders enge Beziehung entwickelte er zu den Nachbarn. Kein Wunder, denn wenn die Eltern oft bis tief in die Nacht arbeiteten, nahm ihn das ältere Ehepaar gerne auf. Er konnte nicht sagen, was er mehr liebte, die köstlichen Spätzle der Frau oder den Werkzeugkeller, in dem er mit ihrem Mann »schaffe« durfte. Marko war jedenfalls selig und fühlte sich angenommen.

Das blieb so bis zu dem Tag, als der Junge und seine Mutter auf dem Weg zur Schule einen entfernten Onkel trafen, der auch geflohen war. Staunend hörte Marko zu, wie seine Mutter den Verwandten mit Komplimenten und guten Wünschen überschüttete. Zu guter Letzt lud sie ihn sogar ein, doch bei nächster Gelegenheit mal vorbeizuschauen.

Als der Mann außer Sicht- und Hörweite war, ließ sich Marko nicht mehr stoppen: »Mama, ihr mögt diesen Onkel ja gar nicht. Papa würde niemals dulden, dass uns dieser Mann besucht. Wie konntest du ihn bloß einladen?« Der Achtjährige war regelrecht entrüstet.

Die Mutter antwortete ruhig: »Marko, ich habe die Einladung nur ein einziges Mal ausgesprochen. Erst wenn sie mehrfach wiederholt wird, ist der Gast wirklich willkommen. Dein Onkel, dieser Nichtsnutz, hat mich verstanden. Er wird es nicht wagen, seinen Fuß über unsere Türschwelle zu setzen.«

Das Gespräch hatte Folgen: Am Abend zählte der Achtjährige zum ersten Mal, wie oft ihn sein Zweitvater, der Nachbar, mit einem knappen »Kim schaffe« in seinen Werkzeugkeller einlud. Es war lediglich einmal, ein vernichtendes einziges Mal. Wie liebte Marko diese »Männerstunden«, dieses allabendliche Ritual, bei dem er nach Herzenslust hämmern, sägen, bauen durfte und dabei viel lernte. Alle Jungs aus seiner Klasse beneideten ihn darum. Und jetzt diese Enttäuschung!

Im Werkzeugkeller seines deutschen Vaters schien er nicht wirklich willkommen! Auch dessen freundliche Frau hatte ihm lediglich ein einziges Mal das Abendessen angeboten.

Der Junge war verzweifelt. Was hatte er nur angestellt? Warum wollten ihn die Nachbarn nicht mehr bei sich haben?

Am dritten Tag fuhren die besorgten Zweiteltern mit ihm zum Kinderarzt. Sie hielten den Spätzle und Werkzeugkeller verweigernden Jungen für ernsthaft krank.

Einladungen werden, wie man an diesem Beispiel sehen kann, je nach Kultur sehr unterschiedlich gehandhabt. Der Tanz mit der Sprache ist eindeutig keine leichte Angelegenheit.

Eine Dolmetschkollegin erklärte mir einmal: »*German is like Lego*«, wunderbar zu stapeln, eckig und praktisch. Ein Knoten löste sich in meinem Kopf. Es stimmte. Nie vergaß ich ihren Satz. Später brachte mich das auf eine Idee, die ich auch in die Tat umsetzte. In den Seminaren, die ich heute gebe, verwende ich Legosteine, um den Teilnehmern zu verdeutlichen, wie funktional Deutsche mit ihrer Sprache umgehen: »Legostein auf Legostein auf Legostein ...« Damit kommen wir Deutsche wunderbar zurecht. Wir denken gar nicht erst darüber nach, ob ein gelber Legostein etwas anderes sein könnte als ein gelber Legostein. Er ist als solcher definiert, und wir reichen genau diesen gelben Stein an, wenn er verlangt wird.

Bei internationalen Gruppen ist folgende meiner Übungen sehr beliebt: Ich lasse die Deutschen ein eigenes Team bilden und die Nichtdeutschen ein weiteres. Auf Stühlen setzen sich die Teilnehmer Rücken an Rücken, sodass sie sich nicht gegenseitig beobachten können. Die Aufgabe ist, einen kleinen Turm aus Legosteinen zu bauen: unten blau, dann rot, gelb und weiß. Die Deutschen sind meist sehr schnell damit fertig, weil sie dem Farbprinzip folgen, während die Teams mit anderen Nationalitäten eher länger darüber nachdenken, ob sie nicht doch eine andere Farbfolge nehmen sollten.

Natürlich geht es nicht darum, den Turm von Babylon nachzubauen. Ich verfolge damit etwas anderes: eine bewusste Irritation.

Bei dieser Übung griff ich eines Tages eine Person aus der Gruppe der Nichtdeutschen heraus und unterhielt mich mit ihr in einem normal lauten Ton: »Es ist schön, Helen, dass du an meinem Seminar teilnimmst. Bist du gut angekommen? Zum Glück wird ja gerade nicht gestreikt ... Kann es sein, dass du dein Handy noch nicht ausgeschaltet hast?«

Während die Gruppe der Nichtdeutschen unser Gespräch nicht weiter beachtete, konnte man merken, wie meine Landsleute nervös wurden – unsere kleine Plauderei störte sie offensichtlich bei ihrem Vorhaben, das in ihren Ohren fest verankert war: Turmbau. Turmbau. Turmbau.

Jeder Satz, der nicht im »Turmbau-Modus« gesprochen wurde, war für sie eine Qual. Je länger und je lauter ich Helen in ein Gespräch verwickelte, umso deutlicher war zu beobachten, dass meine Landsleute am liebsten aufgesprungen wären und gerufen hätten: »Könnt ihr nicht vor der Tür weiterreden, damit wir hier in Ruhe unseren Turm fertig bauen können?!« (Und noch lieber hätten sie womöglich gesagt: »Warum quatscht die Frau Kilian die Helen nur so voll?«)

Diese Übung zeigt uns Deutschen, was *uns* wehtut, und *nicht*, was anderen wehtut. Der Turmbau ist auf jede andere Situation übertragbar; er ist nichts anderes als die Vertragsunterzeichnung, die man so schnell wie möglich unter Dach und Fach bringen möchte. Wobei der Vertragspartner aus Korea oder Saudi-Arabien erst einmal durch freundliche Worte warm werden möchte, bevor er den Stift zur Hand nimmt. Aber davon später mehr.

Ohren auf

Wir Deutschen kommunizieren buchstäblich, direkt. Wir nehmen alles wortwörtlich. Und daher verwirrt uns auch das Wiederholen von Sätzen, es treibt uns in die Enge. Wenn Sie sich dessen bewusst werden, dass andere Muttersprachler ganz anders mit Worten umgehen und viel mehr »antanzen«, können Sie international noch mehr glänzen.

5

Reden ist Silber, Schweigen ist Gold, gekonnt Reden ist Platin

Eines Abends frischte ich anhand eines Buches über den französischen König Louis XV. und seine Mätresse Madame de Pompadour meine Kenntnisse in Geschichte auf. Die ausgedehnte Schlossanlage von Versailles, wo bis zu 35 000 Menschen gelebt hatten, erstand förmlich vor meinen Augen. Der Hofstaat mit all dem Pomp und Prunk, mit höfischer Etikette und einer fein differenzierten Rangfolge aller Protagonisten. Ganz nebenbei erfuhr ich auch, wie Frauen und Männer bei Madame Pompadour Karriere machen konnten. Sie mussten ihr gefallen, nicht nur charmant sein, sondern alles aufbieten, was am Hof unter dem Stichwort »Plaisanterie« favorisiert wurde. Das bedeutete nicht nur, schön zu sein, sich elegant zu kleiden, sondern es hieß auch, sich gewählt und wohlklingend auszudrücken.

Das stimmt noch heute, dachte ich.

Nach wie vor ist eines der nettesten Komplimente, das man einem Franzosen machen kann: »Mein Gott, was sprechen Sie

für ein schönes Französisch!« Wann wurde mir das letzte Mal gesagt: »Mein Gott, Frau Kilian, was sprechen Sie für ein schönes Deutsch!« Genau genommen hatte mir noch niemand ein solches Kompliment gemacht, und wenn es jemand getan hätte, wäre ich unsicher geworden, ob es ernst gemeint war. Folgende Anerkennung klingt für mich glaubhafter: »Susanne, das hast du aber wunderbar auf den Punkt gebracht. Präziser hätte ich das nicht sagen können!«
Höre ich so etwas, glüht mein Gesicht vor Freude. Für einen Franzosen ist das überhaupt nicht nachvollziehbar. Ihm würde bei diesen Komplimenten die Plaisanterie fehlen, das Schöne; er könnte solche ehrlichen und klaren Worte als geradezu körperlich schmerzhaft erfahren.

An diesem Punkt meiner Überlegungen war ich bis ins Historische vorgedrungen. Hier folgt ein kleiner historischer Exkurs. Wer lieber mit dem Thema Sprache fortfahren möchte, blättere bitte vor zur Seite 69. Hatte der Tanz der Sprache in Frankreich etwas mit dem Absolutismus zu tun? Mit der Monarchie? Aber halt! Auch Deutschland war ein Kaiserreich gewesen. Im 19. Jahrhundert etablierte sich eine Monarchie, die 1918 mit dem verlorenen Ersten Weltkrieg endete. Davor gab es das Königreich Preußen, dessen erster Herrscher als Friedrich I. 1701 den Thron bestieg. Auch dort wurde absolutistisch regiert, wenngleich in moderater »aufgeklärter« Form. In Frankreich war es zu Ende mit dem Absolutismus, als das Volk gegen seine Ausbeutung aufbegehrte. Die Wut der Bauern und Bürger wegen gravierender sozialer Missstände eskalierte im Revolutionsjahr 1789 in der blutigen Abschaffung der Monarchie. Eine erste Demokratie etablierte sich, die Französische Republik.

Die absolutistischen Herrscher hatten die Menschen nicht »mitgenommen«; das Volk empfand die Monarchie als eine Lebensform der Eliten. Philosophen und Gesellschaftstheoretiker wie Voltaire und Jean-Jacques Rousseau hatten mit ihren Schriften die Grundlagen für die Aufklärung geschaffen. Rousseau, dessen berühmter erster Satz aus seinem Werk *Du Contrat Social – Vom Gesellschaftsvertrag* lautet: »Der Mensch ist frei geboren und überall liegt er in Ketten«, lehnte sich gegen den Königshof auf, hielt alle dort für eine verkommene Bande mit oberflächlicher, verlogener Etikette. Denker wie er trugen dazu bei, der Monarchie mit ihrem diktatorischen, hierarchischen Gesellschaftssystem den Garaus zu machen und den einfachen Bürgern die politische Teilhabe zu ermöglichen. Interessant ist dabei, dass sich der am Hofe kultivierte Charme dennoch nicht aus der französischen Sprache verabschiedete. Es schien mir lohnend, mich näher mit Sprache generell und mit unserer eigenen, damit verbundenen Geschichte auseinanderzusetzen.

Da das allgemeine Sprachverständnis keineswegs einfach, sondern recht kompliziert zu sein scheint, stellte sich die Frage: Wie hatte alles begonnen? Das zu wissen war notwendig, um herauszufinden, wie wir Kommunikation generell leichter gestalten könnten. Natürlich hat auch die Bibel als eines der ältesten Schriftzeugnisse der Menschheit darauf eine Antwort. So heißt es im ersten Kapitel der fünf Bücher Mose: »Und der Mensch gab einem jeglichen Vieh und Vogel unter dem Himmel und Tier auf dem Felde seinen Namen ...« Dieser Mensch war der biblische Adam. Auf welche Weise wir Erdenbewohner der Urzeit miteinander kommunizierten, darüber ist bisher wenig bekannt. Jedenfalls grunzten, schnatterten oder keuchten wir nicht nur, sondern pflegten eine Art von Sprache. Da sind sich die Forscher heute sicher.

Schon in den frühen Dreißigerjahren des vorigen Jahrhunderts unternahm der amerikanische Psychologe Winthrop Kellogg ein außergewöhnliches Experiment, über das alle nur den Kopf schüttelten: Er holte ein sieben Monate altes Schimpansenmädchen namens Gua zu sich nach Hause, das er als vollwertiges Familienmitglied zusammen mit seinem drei Monate älteren Sohn Donald aufziehen wollte. Er fragte sich, was passierte, wenn ein Menschen- und ein Affenbaby unter gleichen Bedingungen aufwuchsen. Beide würde er ähnlich fürsorglich und liebevoll behandeln, mit beiden würde er vergleichbar sprechen – eben wie zu Menschenkindern. Bevor das Experiment beginnen konnte, hatte Kellogg jedoch ein Hindernis zu überwinden, und zwar ein recht großes: Ehefrau Luella war nicht so richtig überzeugt, dass für Donald ein derart haariges Geschwisterchen gut wäre. Es ist bekannt, dass sie dem Experiment nur widerwillig zustimmte.

Die ungewöhnliche vierköpfige Familie lebte nun gemeinsam in einem Haus in Florida. Das Affen- und das Menschenbaby wuchsen tatsächlich wie Geschwister auf, aber der Testlauf währte gerade mal neun Monate. Dann stoppte der Wissenschaftler den Versuch. Bis heute sind die Gründe dafür nicht bekannt. Wir können sie aber erahnen: Donald beherrschte nämlich im Alter von neunzehn Monaten nur drei Worte, während gleichaltrige Kinder über ein Repertoire von rund fünfzig Vokabeln verfügten. Stattdessen vermochte er Guas Futterruf aufs Genaueste zu kopieren, auch ihr stoßartiges Keuchen, wenn sie eine Orange wollte. Mit anderen Worten: Kellogg, der einen Affen zum Menschen erziehen wollte, hatte einen Menschen zum Affen erzogen. (Donald holte seinen Rückstand übrigens schnell auf, er wurde sogar – oder gerade deswegen? – Psychiater. Nach dem Tod seiner Eltern, die kurz hintereinander in den Siebzigerjahren starben, nahm er sich das Leben. Nun war die gesamte Familie tot, denn er hatte bereits früh ein Geschwisterchen verloren. Ob dies tatsächlich eine Ursache für seinen Freitod war, wissen wir allerdings nicht.)

Die Wissenschaftsgemeinde war trotz des frühen Abbruchs von Kelloggs gewagtem Experiment neugierig geworden. Nach Donald und Gua folgten weitere Testläufe dieser Art. Bei ihnen zeigte sich, dass Affen über eine Menge unterschiedlicher Laute verfügen – es sind dreißig gezählt worden –, mit denen sie warnen, sich begrüßen, Schmerzen oder ein Gefühl des Wohlbehagens zum Ausdruck bringen. Und ein weiterer Schimpanse, der bei einem amerikanischen Ehepaar aufwuchs, konnte sich sogar mit vier Wörtern verständlich machen: *dad*, *mom*, *cup* und *up*. Ob der frühe *Homo sapiens* schon über eine Sprache verfügte, ist ungewiss. Doch da wir uns heute immer noch zusätzlich über Gestik und Mimik austauschen, kann man sich fragen, wann und warum die nonverbale Kommunikation zur Verständigung nicht mehr ausreiche und unsere Vorfahren nach und nach eine Sprache ausbildeten. Das Mitteilungsbedürfnis muss wohl um so viel größer geworden sein, dass nonverbale Mittel nicht mehr ausreichten. Natürlich kamen andere biologische Faktoren dieser Entwicklung entgegen. Jedenfalls ist belegt, dass spätestens beim Neandertaler die anatomischen Bedingungen fürs Sprechen gegeben waren (ein abgesenkter Kehlkopf bot der Zunge Spielraum). Parallel dazu entwickelte sich das Gehirn, das die Sprache als Mittel sozialer Kommunikation erfassen und fördern musste. Warum also nicht sprechen?

Zumal es wirklich einige Vorteile bot, wenn man sich als Jäger über die unterschiedlichsten Gefahren verständigen konnte und die Frauen über das, was an der Feuerstelle so alles geschah. Wichtig war ebenso: Über die Sprache vermochte man Erfahrungen weiterzugeben, wie es einem etwa gelungen war, im Winter über die Runden zu kommen, und warum einige Kinder starben und andere nicht. Es war eine Möglichkeit, Vorsorge zu treffen, Abhilfe zu schaffen. Und wer das am besten beherrschte, der hatte dann vermutlich die größten Chancen, sich mit seinen Genen durchzusetzen.

Wie man heute weiß, passen diese sich an die Umweltbedingungen an, und die wiederum waren insbesondere in der Vorzeit stark abhängig von dem, was die Menschen so in ihrem Revier alles leisteten. Und da in grauer Vorzeit nichts im Alleingang geschah, können wir uns gut vorstellen, wie mehr und mehr der Wunsch wuchs, im Alltag zu kommunizieren. Wenn unsere Vorfahren nach getaner Arbeit ums Feuer herum beisammensaßen, da konnte es schon ganz schön öd und fad sein, sich nur mit Gesten und Gebärden zu verständigen (man denke nur daran, was man verpasst hätte: Lagerfeuerlieder und Gruselgeschichten).

Das Projekt »Sprachentwicklung« gelang jedenfalls, und zwar mit einer Vielzahl von Sprachen und unzähligen Dialekten auf allen fünf Kontinenten. Wer es genau wissen will: In den zweihundert Staaten der Welt werden rund 6400 Sprachen gesprochen.

Sprache erlaubt es, Emotionen zu verbalisieren: Was unsere Entwicklung wie ein roter Faden bis heute durchzieht, ist die Tatsache, dass allen Menschen, ganz gleich wo sie leben und welchen kulturellen Hintergrund sie haben, sieben Basisemotionen zu eigen sind: Ekel, Wut, Furcht, Verachtung, Traurigkeit, Überraschung und – auch etwas Positives – Fröhlichkeit. Diese Grundgefühle sind fest in uns verankert. Wir können noch so viel von Umweltgegebenheiten beeinflusst werden, diese Emotionen sind in unserem genetischen Programm dauerhaft festgeschrieben und werden von uns ständig bestätigt. Anders als die Sprache scheinen Emotionen unabhängig von kulturellen Prägungen zu sein.

Herausgefunden und nachgewiesen hat das übrigens Paul Ekman, ein amerikanischer Anthropologe und Psychologe, geboren 1934 in New Jersey. Seit 1960 hatte er sich monatelang Videomaterial von Urvölkern angesehen und erstaunt festgestellt, dass ihm kein einziger Gesichtsausdruck fremd vorkam. Schließlich stieg er 1967 in ein Flugzeug, um nach Papua-Neuguinea zu reisen und dort einen Stamm aufzusuchen, der noch völlig isoliert lebte: das Volk der Fore. Er erwarb das Vertrauen dieser Menschen, studierte über eine lange Zeit hinweg ihre Mimik und brachte die Stammesmitglieder außerdem dazu, sich Fotos von Menschen anderer Herkunft anzuschauen. Er forderte sie auf, den jeweiligen Gesichtsausdruck zu interpretieren. Und tatsächlich orientierten sich die Fore bei ihrer Beurteilung an der eigenen Mimik.

So wie sie selbst etwa Ekel zum Ausdruck brachten, identifizierten sie auch spontan Ekelgefühle eines Menschen anderer Kultur.

Noch weitere sieben Jahre brauchte Ekman, um sein bekannt gewordenes Bestimmungsbuch der Gefühle zu veröffentlichen. Heute nutzen sogar FBI und CIA Ekmans Erkenntnisse, um Kriminelle und Terroristen dingfest zu machen. Sein jüngstes Projekt ist noch nicht abgeschlossen: Vierzig Stunden führte er Gespräche mit dem Dalai Lama, um mehr darüber herauszufinden, wie sich Menschen ihrer eigenen Emotionen bewusster werden können.

Der Vorzug einer nonverbalen Kommunikation liegt, wenn wir die Gesetzmäßigkeiten der Evolution bedenken, klar auf der Hand: Wenn wir schon miteinander kommunizieren wollen und nicht dieselbe Sprache sprechen, sind die genannten Grundgefühle die beste Voraussetzung, um einen gemeinsamen Modus der Verständigung zu finden.

Die Basisemotionen zeigen sich nämlich bereits, bevor Sie Ihre Wut oder Ihre Fröhlichkeit überhaupt durch Worte zum Ausdruck bringen. Ist ein Deutscher etwa genervt, weil er mit seinen internationalen Kollegen Small Talk betreiben muss (ich komme später darauf noch zurück), sieht man es ihm an, ohne dass er etwas dagegen tun kann. Selbst wenn er glaubt, er könne seine Emotionen verbergen, täuscht er sich gewaltig. Wer sich als menschlicher Lügendetektor einen Namen machen will, braucht sich nur ein wenig im emotionalen Erforschen von Gesichtern zu üben.

Dennoch sind die ersten Worte, mit denen wir national und international in Kontakt treten, entscheidend und entfalten eine ungeheure Kraft. Weil sie durch Emotionen bestimmt sind, lösen sie beim Gegenüber ebenfalls Gefühle aus. Können Sie sich noch daran erinnern, welche Worte Sie bei einer bestimmten Begegnung besonders getroffen haben und wie Sie sich vorher und nachher fühlten? Kann es sein, dass diese Worte Sie den ganzen Tag über nicht losgelassen haben? Sie wurden durch sie motiviert, Sie zogen brillant eine Präsentation durch. Oder aber das Gesagte wirkte negativ nach, sodass es Konsequenzen für den Abschluss eines Projekts hatte. In manchen Fällen kann das Gehörte sogar Folgen für ein ganzes Leben haben.

Eine Bekannte, eine sehr aparte Frau, erzählte mir einmal, dass ausgerechnet der Junge, in den sie sich als Jugendliche verliebt hatte, ihre Nase als hässlich bezeichnete. Seitdem schämt sie sich für ihre Nase. Mir war dieses Detail nie aufgefallen, ich fand ihr Gesicht immer sehr schön. Es ist eines, das man sich gern anschaut. Und doch hatte die Art und Weise, wie der Junge sie wahrnahm, sie so sehr geprägt, dass sie dieses Urteil noch Jahrzehnte später beschäftigte.

Ich selbst erinnere mich daran, wie ich – da stand ich als Studentin kurz vor dem Examen – für eine erkrankte Professorin als Dolmetscherin einspringen musste. Mein Herz klopfte wie wild, als ich bei dem Kunden übersetzte, es war ja mein erster Einsatz als Dolmetscherin. Nachdem ich meinen Job erledigt hatte, meinte der Mann: »Ihre Leistung war eine der besten, die ich bis dato erlebt habe.« Sein Feedback beflügelte mich so, dass es mich geradezu durch das anstehende Examen trug – ich war nun noch mehr davon überzeugt, dass ich einzig für meine Berufung gebüffelt hatte.

Im Zeitalter der Kommunikation, in dem die Zahl der Talkshows im Fernsehen permanent zunimmt, in dem ständig und viel geredet wird, in dem auf allen möglichen sozialen Plattformen Meinungen und Kommentare gepostet werden, vergessen wir fast, welch enorme Macht das Wort eigentlich haben kann. Der Dichter Rainer Maria Rilke war sich dessen hingegen noch sehr bewusst. In seinem Gedicht »Ich fürchte mich so vor der Menschen Wort« von 1899 heißt es:

Ich fürchte mich so vor der Menschen Wort.
Sie sprechen alles so deutlich aus.
Und dieses heißt Hund und jenes heißt Haus,
und hier ist der Beginn und das Ende ist dort.

Mich bangt auch ihr Sinn, ihr Spiel mit dem Spott,
sie wissen alles, was wird und war;
kein Berg ist ihnen mehr wunderbar;
ihr Garten und Gut grenzt grade an Gott.

Ich will immer warnen und wehren: Bleibt fern.
Die Dinge singen hör ich so gern.
Ihr rührt sie an: sie sind starr und stumm.
Ihr bringt mir alle die Dinge um.

Um in den uns fremden Ländern nicht »alle die Dinge« umzubringen, sollten wir uns mehr der Macht der Sprache bewusst werden.

Ohren auf

Dank Kommunikation haben die Menschen ihr Wissen untereinander teilen können, nur so hat sich unsere Spezies weiterentwickelt. Was Kommunikation enorm bedeutend macht, ist, dass Worte Gefühle auslösen können und damit nachhaltig wirken.

Es gibt die Redensart: »Reden ist Silber, Schweigen ist Gold« – sie sollte um eine Zeile ergänzt werden: »... aber gekonnt Reden ist Platin.« Immer klarer kristallisierte sich als mein Ziel heraus, genau das dem »deutschen Ohr« zu vermitteln.

6

Wir sind, wer wir sind – eine Nation der Tüftler

Bei den Vereinten Nationen hatte ich einen Vorgesetzten, einen großartigen Diplomaten aus den Vereinigten Arabischen Emiraten. Drei Jahre hatte er in Deutschland gelebt und spiegelte mir unsere Kultur aus seiner Perspektive wider. Regelmäßig legte ich ihm meine Folgendes-müssen-wir-dringend-verbessern-oder-erledigen-Listen vor. Es wunderte mich jedes Mal, dass Kollegen nicht mit ähnlichen Vorschlägen aufkreuzten. Denn es gab immer wieder Missstände, auf die hingewiesen werden musste, sonst würde sich nie etwas ändern. Aber ich war wohl die Einzige, die mit Listen zu ihrem Chef rannte. Als ich ihn einmal fragte, warum sich die anderen nicht um die Probleme kümmerten, die doch offen ausgesprochen werden sollten, schließlich seien wir ein Team, meinte er schmunzelnd: *»Susanne, you come from a ›tüftling‹ nation.«*

Wieso stammte ich von einer *tüftling nation* ab? Im ersten Augenblick begriff ich nicht, was er damit meinte, und bat um eine Erklärung. Die Deutschen, sagte er, hätten über Jahrhunderte einen Überlebenskampf überstehen müssen, ständig sei ihr Land in Kriege verwickelt gewesen und zum Schauplatz der Auseinandersetzungen geworden, da habe man sich nur durch Innovationen retten können, durch Strategien, die die eigene Lebensform sicherten. »Deshalb baut ihr heute auch so großartige Autos, für die euch die Welt bewundert.«

»Das heißt«, fragte ich nach, »dass andere Kulturen andere Strategien entwickelt haben? Und dass wir Deutschen so strukturiert denken, weil wir aus historischen Gründen dazu geradezu gezwungen wurden? Diese schlagen sich auch in der Sprache nieder?«

»Genau. Das ist euer großer Vorteil, deshalb habt ihr handwerklich so viel erreichen können, da muss ich nur an eure großen und mächtigen Hanseflotten denken, an die Leistungen der Zünfte, der Gilden. Aber nicht jeder ist so wie ihr, was allerdings kein Grund ist, die anderen zu unterschätzen. Um es zu verdeutlichen: Nur weil ich etwas nicht ausspreche oder auf einer Liste notiere, bedeutet das längst nicht, dass ich es nicht sehe, dass ich diesen Dingen gegenüber blind bin. Wenn ich nicht so exakt kommuniziere wie ihr, so ist das keine Aufforderung an euch, für mich das Sehen oder Denken zu übernehmen. In meiner Kultur ist es gerade *nicht* zielführend, alles Sichtbare oder Offensichtliche in Worte zu kleiden. Wenn ich nicht sage, wie es ist, bedeutet das nicht, dass ich die Dinge nicht verstehe und dumm bin. In eurer Kultur gilt es als lösungsorientiert zu sagen, was Sache ist. In meiner wirkt das schnell rüde und destruktiv. Es behindert die Lösungsfindung. Jede Kultur hat ein ganz eigenes Gesicht. Es ist durch die unterschiedlichen Überlebensstrategien, die jede Kultur entwickeln musste, geprägt. Aus erfolgreichen Überlebensstrategien entstanden Werte, die die Art und Weise, wie wir Gesagtes filtern und verstehen, bestimmen.«

In diesem Moment dachte ich daran, dass es das Lebensthema meines Chefs war, neue Ansätze zur Lösung des Nahostkonflikts zu finden.

Er sagte:»Wenn ich die Probleme beim Namen nenne, die Menschen in meiner Region direkt damit konfrontiere, reduziert sich die Anzahl der toten Kinder nicht. Kein einziger Schritt in Richtung Einigung wird dann möglich sein. Es geht darum, gemeinsame Ziele zu finden, sich auf das zu fokussieren, was sein könnte. Nur so sind Menschen dazu zu bewegen, den ersten Schritt zu tun.«

Es war sehr viel, was mir mein Chef zum Nachdenken mit auf den Weg gab. Am meisten aber kreiste in meinem Kopf der Ausdruck *tüftling nation*. Damit hatte ich einen Ansatz, der mir bei meiner Spurensuche, warum wir so sind, wie wir sind, behilflich sein konnte.

DIN-Normierungen und die überfrierende Nässe

Wie technisch die deutsche Sprache ist, zeigt sich schon an unserem Papier. Kein Mensch in einem anderen Land wäre jemals auf die Idee gekommen, Papier zu normieren und auch noch registrieren zu lassen. Aber weil wir uns mit Feuereifer auf eine solche Bestimmung gestürzt haben, wird die Einteilung des Deutschen Instituts für Normung (DIN) europaweit benutzt: DIN A1, DIN A2, DIN A3, DIN A4 und so weiter, einschließlich diverser Sonderformate. Jeder hält sich daran, weil sie so schön exakt sind.

Ähnlich genau ist ein Ausdruck, den Autofahrer im Radio, wenn nach den Nachrichten die Wettervorhersage folgt, nur ungern hören: »überfrierende Nässe«. Da braucht man gar nicht lange nachzudenken. Sofort taucht im Kopf das Bild von Regentropfen auf, die sich durch die Kälte auf der Fahrbahn in eine Eisschicht verwandeln. Rutschgefahr, lautet das Signal, und schon nimmt man automatisch den Fuß vom Gaspedal.

Was genau meinte mein Chef aber mit dem ständigen Überlebenstraining der Deutschen? Ich musste wohl meine historischen Kenntnisse auffrischen. Und das tat ich in der folgenden Zeit intensiv.

Ich beschäftigte mich eingehend mit unserer Geschichte, begann beim Dreißigjährigen Krieg und las mich durch die Jahrhunderte. Fürsten, Könige und Kaiser erstanden vor meinem inneren Auge. Dabei wurde mir deutlich, dass Deutschland wegen seiner zentralen geografischen Lage in Europa besonders oft und heftig von kriegerischen Auseinandersetzungen und deren Folgen betroffen gewesen war.

Eine Wiederaufbaukultur gehörte zum Alltag der Menschen: das »Tüfteln«, das ständige Optimieren, das Suchen nach besseren handwerklichen Lösungen.

Praxis war gefragt: Wie machen wir das, damit wir wieder einigermaßen anständig leben und unsere Kinder großziehen können? In einer solchen Welt kam man gar nicht auf die Idee, sich in einer kunstvoll ausgeschmückten Sprache zu unterhalten. Das Kommunizieren erhielt in unserer Kultur eine ganz andere Wertigkeit als etwa bei den französischen Nachbarn. Die Deutschen waren wegen ihrer permanenten Aufbauleistungen aufs Funktionale konzentriert. Und das ist bis heute geblieben.

Ganz anders in anderen Ländern: So gibt es etwa in England sogenannte »Schönsprechklassen«. Meist werden diese von wohlsituierten Damen angeboten, die Kinder aus weniger privilegierten Schichten unterrichten. In der Hoffnung, ihrem Nachwuchs den sozialen Aufstieg zu erleichtern, zahlen die Eltern hohe Gebühren.

In Ländern wie England und Frankreich ist es vollkommen klar, dass ich, um Karriere zu machen, in einer gewissen Art und Weise mit Sprache umgehen muss. Menschen wie Tony Blair, Englands einstiger Premier, oder der ehemalige französische Staatspräsident Nicolas Sarkozy kommen zwar nicht aus der Upper Class, sprechen aber dennoch ein sehr gepflegtes Englisch beziehungsweise Französisch. Wer den guten Klang der Sprache nicht beherrscht, hat keine Chance.

Nicht von ungefähr gehörte es in Deutschland vor einigen Generationen noch zum guten Ton, Mädchen aus besserem Hause unbedingt Französisch lernen zu lassen.

Natürlich erkennen wir, wenn jemand ein gebildetes Deutsch spricht, zollen Respekt, wenn jemand mit seiner Rhetorik brilliert. Aber mehr Bedeutung messen wir dem nicht bei.

Doch die deutsche Sprache hat Qualität. Keine andere Sprache verfügt über so viele Einzelbezeichnungen für handwerkliche Tätigkeiten und für Werkzeuge. Bei Kongressen oder auf Handwerksmessen konnte ich erleben, wie arabische Kollegen stöhnten und Einhalt geboten, wenn Deutsche ihre neuesten technischen Errungenschaften präsentierten: »Wir kommen nicht mehr mit, wenn ihr so schnell redet. Diese vielen Fachausdrücke, die ihr in einen einzigen Satz packt. Nur ein Beispiel. Ihr Deutschen kennt den Latthammer, den Schieferhammer, den Klauenhammer, den Spitzhammer. Wir haben im Arabischen kein spezielles Wort für einen Spitzhammer. Wenn wir einen brauchen, müssen wir sagen: Reich mir den Hammer, der vorne rund und hinten spitz ist. Wir müssen alles umschreiben, das dauert ewig.« Unter großem Gelächter wurde noch hinzugefügt: »Wenn ihr jetzt nicht ein bisschen langsamer redet, gehen wir.«

Der Vorteil von präzisen Worten ist, dass auch präziser gedacht wird. Über Jahrhunderte legte man chinesischen Philosophiestudenten nahe: »Wenn ihr Denken lernen wollt, dann lernt Deutsch. Die Deutschen haben erstens ein Wort für alles, und zweitens sprechen sie es auch aus.« Chinesisch ist eine sehr wortgewaltige Sprache mit unzähligen Ausdrucksvarianten, Differenzierungen und Beschreibungsnuancen. Sie eröffnet somit fast unbegrenzte Möglichkeiten für Wortspiele. Dies entspricht der chinesischen Art, Dinge möglichst zu umschreiben. Zusätzlich existieren Wörter, die lange Zeit gar nicht benutzt, das heißt ausgesprochen wurden. Etwa das Wort »ich«, denn entscheidend für die chinesische Gesellschaft war lange Zeit das »Wir«. Darauf baute sich das gesamte soziale Leben auf. Alle zusammen sorgten für die Älteren, alle aus der Familie förderten die Kinder.

Jede Kultur scheint Informationen nach bestimmten Vorstellungen zu rastern. Dass es in China Wörter gibt, die man zeitweilig nicht benutzte, die vielleicht einzig in der Literatur ihren Niederschlag fanden und finden, die »unaussprechlich« sind, das klingt in unseren Ohren eher merkwürdig und ist nicht leicht nachzuvollziehen.

Aber weil es mir nicht um einen Chinesisch-Code ging, sondern um einen Code für Deutsche, die auf dem internationalen Parkett in Englisch kommunizieren, stellte ich mir die Frage, wie uns etwa Amerikaner wahrnehmen. Wie funktioniert ihre Sprache im Vergleich zu der unseren. Barack Obama hat das »Yes we can«, das allen Amerikanern aus der Seele spricht, zum Motto seines Wahlkampfs gemacht. Schon der Bürgerrechtler Martin Luther King bewegte mit einer ähnlichen Aussage. »*I have a dream* – ich habe einen Traum« war der Titel seiner Rede, die er 1963 anlässlich des berühmten Marsches auf Washington hielt. Und drei Jahre zuvor hatte der demokratische Präsidentschaftskandidat John F. Kennedy für seinen Wahlkampf den Begriff *New Frontier* als Label geprägt, um damit zum Ausdruck zu bringen, dass die USA auf allen Gebieten neue Grenzen setzen konnten, unter anderem bei der Erforschung des Weltraums. (»Old Frontier« war die Pioniergrenze des Westens, hinter der mit Billigung frommer Protestanten die Erfordernisse der Wildnis die Bibel ersetzten.)

Es ging um Visionen, um Wunschbilder, die die Vereinigten Staaten zu dem gemacht haben, was sie bis heute sind: eine führende Weltmacht. Es ging darum, Unmögliches möglich zu machen. Kein Wunder, dass der »amerikanische Traum« zu einem inhärenten Baustein der US-Kultur wurde. Was heißt: Eine Sprache, die keine Visionen zum Ausdruck bringt, empfindet ein Amerikaner geradezu als schmerzhaft.

Altbundeskanzler Helmut Schmidt hat auf die Frage eines Journalisten: »Wo ist Ihre große Vision?«, einmal die inzwischen legendäre Antwort gegeben: »Wer Visionen hat, soll zum Arzt gehen.« Wir haben es nicht so mit den Träumen und den Wünschen, sagen eher: »Wie realistisch ist das, bitte schön?« Das Unmögliche möglich machen, dieser Wille ist nur bedingt in unserer Kultur zu finden. Das sollten wir ändern, wenn wir mehr mit unseren Nachbarn in Verbindung treten wollen. Das mussten schon jene Deutschen erfahren, die nach Amerika auswanderten.

Ohren auf

Deutsches Tüfteln hat sich auch in unserer Sprache niedergeschlagen. Wir haben über Jahrhunderte hinweg versucht, das Beste aus historischen Notwendigkeiten zu machen – und dabei eine sehr präzise Kommunikation entwickelt. Die sollten wir nicht als Nachteil ansehen, sondern sie um das erweitern, was andere Kulturen für sich als lösungsorientiert entwickelt haben.

7
Nutzen wir die Magie der Empathie!

Wir Deutsche filtern Gehörtes nach den Kriterien Ehrlichkeit, Effizienz und gute Begründung. Doch wie sehen das unsere Nachbarn? Die Amerikaner schmerzt es beispielsweise, dass wir solch eine visionslose Sprache haben. Es gab einst einen deutschen Mythos vom Leben in Amerika. Geboren wurde er dank eines Buches, das der deutsche Vikar Josua Harrsch aus Eschelbronn in Baden-Württemberg 1706 unter dem Pseudonym Josua Kocherthal schrieb. Sein Titel lautete *Goldenes Buch*, und Harrsch rief darin auf: »Geht nach Carolina, und all eure schweren Mühen werden euch genommen.« Der Vikar hatte weder Carolina noch irgendetwas anderes in Amerika bis dahin je gesehen, aber er war davon überzeugt, dass es dort das irdische Glück gab. Nicht umsonst war er ein Mann Gottes mit einem festen Glauben. Sein Buch allerdings war voller falscher Versprechen und Unwahrheiten. Es fasste zusammen, was der Engländer und Admiralssohn William Penn 1677, als er die deutschen Länder rechts und links des Rheins bereiste, von sich gab. Penn rührte damals die Werbetrommel für eine Kolonie, die er an der Ostküste Amerikas gründen wollte.

Der Dreißigjährige Krieg war zwar überstanden, aber das Land war nach wie vor verwüstet. Die Bauern hatten ihre Felder nicht bestellen können; immer wieder waren sie als Soldaten eingezogen und ihre Dörfer geplündert worden. Und das über Jahrzehnte. Mit der Folge, dass die Natur sich die mühsam gerodeten Flächen zurückerobert hatte und die Menschen hungerten. Natürlich war laut Harrsch kein Land fruchtbarer als Amerika, und wie ein Lauffeuer verbreitete sich der falsche Traum von diesem fernen Land. Rund 13 000 Menschen wollten nichts wie weg, viele der ersten Auswanderer stammten wie Harrsch aus Baden-Württemberg. Sie ließen alles stehen und liegen und machten sich entschlossen auf den Weg. Meist bestiegen sie erst einmal kleine Kähne, die den Rhein hinauffuhren Richtung Nordsee.

Deutsche waren einst Armutsflüchtlinge, Hungerflüchtlinge, vielleicht sollten wir das in der heutigen Debatte um Einwanderungsbeschränkungen nicht vergessen. Menschen, die hungernd aus dem Schwarzwald aufgebrochen waren, erreichten den Hafen von Rotterdam völlig erschöpft und körperlich entkräftet. Von dort aus ging es weiter nach England und anschließend über den Atlantik in die Neue Welt.

Es war kaum erstaunlich, dass viele die wochenlange Überfahrt nicht überlebten. Die unzureichende Ernährung unterwegs verursachte ebenso wie die miserablen hygienischen Bedingungen auf den Schiffen Krankheiten. Zudem drückte eine schwere Last die Flüchtenden nieder: Da sich kaum einer die Überfahrt leisten konnte, unterschrieben die Menschen

Schuldscheine, verkauften in London sogar die eigenen Kinder oder ließen sich vom englischen Militär anwerben. Letztlich degradierten neue Herren sie zu Sklaven. Denn diejenigen, die lebend New York erreichten und in langen Trecks weiter zur Kolonie von William Penn zogen, mussten, um ihre Schuldscheine zu tilgen, jede Arbeit verrichten, die ihnen befohlen wurde. Von Unterkünften, die Schutz vor Kälte und Nässe boten, konnte anfangs zudem keine Rede sein. Die Auswanderer nächtigten unter freiem Himmel. Aber ein Zurück gab es nicht mehr. Die Träume waren schnell ausgeträumt, nirgendwo gab es Honig und Milch, stattdessen überall Schlamm und Dreck.

Der Mythos vom »gelobten Land« hielt sich jedoch hartnäckig, zu wenige Nachrichten trafen aus der Neuen Welt in Europa ein. Und wenn doch, waren es nur die Erfolgsstorys. Weiterhin unternahmen Bauern und Handwerker also die beschwerliche Reise. Auch ihre Landsleute, die später auswanderten, trafen es nicht besser an. Zwar waren die Schiffe, die sie in Bremerhaven bestiegen, etwas komfortabler, und die Zwischenstation London fiel weg, wo die ersten Hungerflüchtlinge von Sonntagsausflüglern begafft worden waren: »Das sind sie! Das sind die, die nach Amerika gehen wollen!« In New York aber sortierten die Behörden die Ankommenden weiterhin gnadenlos aus. Wer nicht gesund und kräftig war, durfte das »Paradies« nicht betreten und wurde zurückgeschickt. Es gibt einen Spruch der frühen Pioniere, der ihr Schicksal genau beschreibt: »*It takes three generations to make an American. The first will die, the second will struggle and the third will live at last*« – »Es braucht drei Generationen, um aus jemandem einen Amerikaner zu machen. Die erste wird sterben, die zweite wird halbwegs überleben, und die dritte wird gut leben.« Das Motto war: Wenn ich es nicht schaffe, dann schaffen es wenigstens meine Kinder und Enkel. Das ist es allemal wert.

Da ist sie wieder, die Vision, die Amerika geprägt hat. Ganz gleich woher jemand kam, alle einigten sich auf eine neue Gesellschaftsordnung. In der Unabhängigkeitserklärung von 1776 garantierten sich die Amerikaner nicht nur die Freiheit und Gleichheit aller Bürger, sondern hielten darin auch den Anspruch eines jeden fest, nach seinem Glück zu streben: »Daß zur Versicherung dieser Rechte Regierungen unter den Menschen eingeführt worden sind, welche ihre gerechte Gewalt von der Einwilligung der Regierten herleiten; daß, sobald einige Regierungsformen diesen Endzwecken verderblich wird, es das Recht des Volks ist, sie zu verändern oder abzuschaffen, und eine neue Regierung einzusetzen, die auf solche Grundsätze gegründet, und deren Macht und Gewalt solchergestalt gebildet werden, als ihnen zur Erhaltung ihrer Sicherheit und Glückseligkeit am schicklichsten zu seyn dünket.« »*Yes we can*«, kann man da nur wiederholen. »Ich schaffe es.«

2013 hielt ich in einem amerikanischen College einen Vortrag mit dem Titel *How to better understand Germans* – Wie man Deutsche besser verstehen kann. Vorher besuchte ich Ellis Island, jene kleine vor Manhattan gelegene Insel, die zum Symbol amerikanischer Immigration wurde. Als Einwandererstation wurde sie 1882 eröffnet – vorher waren die Immigranten an der Südspitze Manhattans angekommen. Dort war es aber zu eng geworden, und bis 1954 ließen die Amerikaner rund zwölf Millionen Einwanderer über die Insel ins Land. Die Bilder und Gegenstände der Einwanderer im heutigen Museum auf Ellis Island veranschaulichen das Elend der so hoffnungsvoll aufgebrochenen Neubürger und die Hindernisse, mit denen sie zu kämpfen hatten.

Nachdem mich die Fähre zurück nach Manhattan gebracht hatte, bestieg ich ein Taxi, um zum Flughafen LaGuardia zu gelangen. Es war eine lange Fahrt, während der ich mit dem Taxifahrer, einem jungen Nepalesen, ins Gespräch kam. Ich fragte ihn, wie er Englisch gelernt habe. Er sprach, als hätte er ein Buch auswendig gelernt. Lachend bestätigte er: »Durch Sprach-CDs, die ich mir im Taxi vorgespielt habe. Sieben Tage die Woche, einundzwanzig Stunden am Tag.«

Einundzwanzig Stunden? Dann schlief er täglich nur drei Stunden. Im ersten Moment stieg Angst in mir hoch. Wenn dieser Mann, so nett und jung er auch war, bloß drei Stunden schlief, wie konnte ich da sicher sein, dass er nicht wegdämmerte und einen Unfall verursachte? Ich fragte den Taxifahrer, warum er denn so wenig zur Ruhe kam. Er hätte doch bestimmt keine Schlafstörungen.

Seine Antwort erfolgte prompt: »Ich muss drei Schichten fahren. Die erste, um in New York zu überleben. Die zweite, um meiner Schwester 30 000 Dollar zurückzuzahlen, die sie den Schleppern, die mich aus Nepal holten, zahlen musste. Die dritte, um meinem Bruder die gleiche Chance zu ermöglichen.«

Mir lief im heißen New Yorker Sommer ein Schauer über den Rücken. 60 000 Dollar zusammenkratzen als Taxifahrer in NYC? Wie sollte er das schaffen?«

»Sie haben große Ziele«, bewunderte ich ihn. »Und ob! Und was für Ziele ich habe. Eines Tages werde ich ein freier Mann sein in diesem freien Land. Dann heirate ich meine Verlobte und eröffne mit ihr ein nepalesisches Restaurant. Geben Sie mir noch ein paar Jahre – vielleicht so zwanzig bis fünfundzwanzig –, und schauen Sie dann bei mir vorbei. Soll ich Ihnen schon einmal die Adresse geben?« Er lachte herzlich.

Ganz die pragmatische Deutsche, antwortete ich: »Sie könnten dann schon etwas älter sein als jetzt.«

»Es ist egal, wie alt ich dann bin, eines Tages werde ich dieses Lokal besitzen.« Er schaute mich leicht erstaunt an, als begriffe er nicht, dass ich es nicht verstand: Dieser Mann hielt die Strapazen seines Alltags und seines Schlafentzugs aus, weil er sich mit jeder Faser seines Körpers und Geistes als Besitzer dieses Restaurants sah. In diesem Moment wurde er zu meinem Lehrmeister in puncto Vision. Nicht die Realität ist entscheidend, sondern was man glaubt, in Zukunft zu sein. In Deutschland hätte man ihn als Träumer bezeichnet – und ich hätte es beinahe auch getan.

Ja, da war sie wieder, die Vision, die alle, die in Amerika leben, vereint: »*Yes we can*«. Jeden Tag aufs Neue. Vielleicht sollten wir uns von der positiven Energie der Amerikaner gelegentlich mitreißen lassen! »*You are such a visionary*«, »*what a visionary idea*«, »*I can see this coming*«, klingt in amerikanischen Ohren wie Musik. Nutzen wir die Magie der Empathie.

Mein bereits erwähnter Chef bei den Vereinten Nationen hat mich einmal auf zwei Redeweisen hingewiesen. Zum einen auf die deutsche Formulierung »jemanden in Grund und Boden reden« und auf das englische Pendant dazu: »*to charme somebody to pieces.*« Jemanden in Grund und Boden zu charmieren, klingt tatsächlich völlig anders, als jemanden in Grund und Boden zu reden.

»Auf welche Weise machten Sie denn Bekanntschaft mit diesen unterschiedlichen Sprachvarianten?«, fragte ich neugierig. Solche kulturellen Unterschiede fand ich spannend.

Ein feines Lächeln legte sich auf das Gesicht meines Vorgesetzten. »Meine erste Auslandsmission führte mich als jungen Diplomaten nach Rom«, sagte er. »Die Stadt war eine Offenbarung für mich. Und als ich nach einiger Zeit zurück nach Abu Dhabi musste, stellte ich fest, dass es mir nicht mehr möglich war, dort zu leben. Dabei war es ausgemacht, dass ich die nächsten drei Jahre im Emirat bleiben sollte.«

»Und da«, warf ich ein, »charmierten Sie Ihren Chef in Grund und Boden.«

»Genau. Nach drei Wochen war er so verzweifelt, dass er sagte: ›Ahmed, wir werden dich schmerzlich vermissen, aber ich habe es geschafft, dir deinen großen Wunsch zu erfüllen. Europa und eine ganz wunderbare Position erwarten dich. Nächste Woche schon kannst du dort beginnen.‹ Ich antwortete freudig: ›Ich darf zurück nach Rom? Wie kann ich Ihnen jemals dafür danken?‹ – ›Nun Ahmed, es ist nicht wirklich Rom, sondern eine Stadt in einem Nachbarland. Berlin freut sich auf Sie, mein Sohn.‹

Berlin? Berlin war doch nicht Rom ...«

Das Gesicht meines Gesprächspartners verdunkelte sich. »Obwohl beide Städte in Europa liegen, zwischen ihnen liegen Welten. Berlin war *so* anders.«

»Anscheinend haben Sie die Deutschen dennoch lieben gelernt«, wandte ich ein.

»Sehr, aber wie ich Ihnen schon sagte, nicht jede Kultur überlebt durch Tüftling.«

»Uns haben die Tüftling-Eigenschaften jedenfalls stark gemacht, für uns Deutsche ist das eine Qualität«, beharrte ich.

»Das habe ich ja auch schon zum Ausdruck gebracht«, sagte mein Vorgesetzter ganz entspannt. »Deutsche sind in ihrer Art wunderbar. Ihr seid unglaublich talentiert, wenn es darum geht, ein bestimmtes Ziel anzugehen. Vielleicht ist es eure bewundernswerte Fokussierung auf eure Ziele, die euch manchmal daran hindert zu sehen, dass die meisten Menschen auf dieser Welt anders miteinander umgehen. Schnell übersehet ihr, dass Ziele nur durch Menschen, die hinter diesen stehen, erreicht werden. Also durch Teams. Um international zu überzeugen, muss man die anderen mit ins Boot nehmen, muss sie mit Empathie und nicht mit Ratio gewinnen. Darf ich Ihnen empfehlen, sich in die neusten Erkenntnisse der Gehirnforschung einzulesen? Wenn es um das gegenseitige Verstehen geht, ist das emotionale Gehirn entscheidend.«

Emotionales Gehirn? Bislang hatte ich noch nie näher darüber nachgedacht, wie kulturelles Decodieren in unserem Gehirn funktioniert. Aber hatte ich nicht schon oft beobachtet, auch an mir selbst festgestellt, dass Worte regelrecht schmerzen können, kaum anders als ein Schlag ins Gesicht? Manchmal sind sie sogar noch verletzender als ein körperlicher Hieb. Ich erinnerte mich an eine einwöchige Reise nach Madrid, wo ich an einer Veranstaltung einer privaten Universität teilgenommen hatte, bei der es um Wege aus der Finanzkrise ging.

Konfrontiert mit der Wirklichkeit, mit den vielen jungen Obdachlosen und den Leuten, die überall auf den Straßen der spanischen Hauptstadt zu sehen waren und demonstrierten, war ich einfach nur geschockt. Wie verzweifelt die Lage gerade für junge Spanier war – das wurde mir erst in diesem Moment bewusst; Zeitungsberichte und Fernsehbilder hatten diese Realität nicht wirklich erfassen können. Große Verzweiflung war auch in der Uni zu spüren, wenngleich viele der jungen Leute, die sich die Vorträge anhörten, sicher aus Elternhäusern kamen, wo die Not noch aufgefangen werden konnte. Dennoch hatten sie kaum eine Chance, Arbeit zu finden, und das, obwohl viele von ihnen mehrsprachig und perfekt ausgebildet sind. Sie alle waren Anfang zwanzig und meinten: »In den nächsten Jahren sehen wir keine Perspektive für uns.«

Im Rahmen der Veranstaltung trat an einem Vormittag auch ein deutscher Politiker ans Mikrofon. Kaum hatte er seine Zuhörer begrüßt, konfrontierte er sie mit harten Bandagen. Die Spanier verstanden seine Rede als Kritik am spanischen System und als Aufforderung »aufzuräumen«. Fassungslos vernahm ich seine Worte. »Missmanagement, Vetternwirtschaft, zuweilen Korruption, das muss sich ändern ...« Ich konnte diese Worte kaum körperlich aushalten, wie sollte sie dann das Auditorium ertragen? Selbst wenn der Politiker es nicht halb so negativ meinte, war es vernichtend für die Zuhörer. Wer so mit Menschen kommunizierte, konnte nicht erwarten, mit Sympathien bedacht zu werden.

Am Nachmittag bestieg ein Schweizer das Podium. Er sagte letztlich nichts anderes als der Deutsche, aber in einer völlig anderen Form, in Gestalt einer Frage, einer Einladung: »Warum setzen wir uns nicht zusammen, diskutieren und suchen gemeinsam nach Lösungen, wie wir am besten mit den alten Privilegien in Ihrem Land umgehen?« Er sprach eben nicht von »Missmanagement« und »Korruption«, sondern von »*old privileges*«. Mit seiner Rede gewann er die jungen Zuhörer – mit den »alten Privilegien« in Spanien konnten sie ja nicht gemeint sein, dafür waren sie einfach noch zu jung. Dem Schweizer war das gelungen, wozu auch mein Vorgesetzter Ahmed gerade geraten hatte. Die Spanier ins Boot zu holen mittels gehirnfreundlicher, also empathischer, Kommunikation. Es schien mir nun umso lohnender zu sein, mich näher damit zu beschäftigen.

»Ich werde Ihrem Hinweis nachgehen«, versicherte ich meinem Chef. »Ich möchte entdecken, wie Gehirne ticken.«

Deutsch in der EU
Vielleicht ebenfalls interessant zu wissen: In der EU zählt Deutsch zu den nationalen Amtssprachen, denn Deutsch wird in den EU-Ländern Deutschland, Österreich und Luxemburg gesprochen. Innerhalb der europäischen Behörden allerdings ist es keine Arbeitssprache. Hier wird vorwiegend Englisch verwendet, auch Französisch ist viel in Gebrauch. Das hat mit der Kolonialpolitik des 19. Jahrhunderts zu tun.

Ohren auf

Sie gewinnen mehr Menschen für sich, wenn Sie sich in die Mentalität anderer Länder einfühlen und Ihr Sprachverhalten anpassen. Unser emotionales Gehirn funktioniert in der Kommunikation mit Empathie und weniger mit Ratio.

8
Gehirnfreundlich kommunizieren

Die Gehirnforschung hat es immer wieder gezeigt. Unser Gehirn tickt noch im Urzeitmodus und scannt unsere Umgebung ständig nach potenziellen Gefahren ab. Sobald wir eine solche »wittern«, bereitet sich unser Körper auf Flucht, Kampf oder Schockstarre vor. Die Informationsverarbeitung im rationalen Teil wird blockiert. So archaisch, wie wir nach wie vor geprägt sind, nehmen wir unbekannte Kommunikationsmuster als unangenehm oder beunruhigend wahr. Bei einer Präsentation oder im täglichen Büroeinerlei lauern also auch »Gefahren«. Und was als fremd, unangenehm oder potenziell bedrohlich daherkommt, hat viel damit zu tun, wie wir kulturell geprägt sind.

Doch erst einmal etwas Allgemeines zu unserem Gehirn, um den chemischen und elektrischen Ablauf in seiner ganzen Bedeutung zu verstehen. Unser Denkorgan hat ein Gewicht von ungefähr eins Komma drei Kilogramm, und wenn Mediziner es in der Anatomiestunde in der Hand halten, beschreiben sie es als einen »Haufen Weißwürste«, da es in der Konsistenz tatsächlich jener Brühwurst vergleichbar ist. Andere sprechen von einem nicht zu hart gekochten Ei. Interessant ist, woraus diese eigentümliche Masse besteht: aus Milliarden von Nervenzellen, Neuronen genannt.

Neuronen haben die Aufgabe, elektrische Ströme weiterzuleiten, die aber nicht einfach geradeaus laufen, sondern ähnlich wie bei den Kabeln von Haushaltsgeräten mittels Klemmen oder Lötstellen in eine bestimmte Richtung gelenkt werden. Diese Klemmen und Lötstellen im menschlichen Gehirn, die Synapsen, sind jedoch nicht einfacher Natur, sondern recht kompliziert. An den Enden der Synapsen schütten die Neuronen, angeregt von Impulsen, die durch die Nervenzellen geschickt werden, sogenannte Neurotransmitter aus. Man nennt diese auch Botenstoffe. Es sind kleine Moleküle, die in der nächsten Nervenzelle eine Verschiebung von elektrischen Ladungen auslösen können und dadurch den Reiz weiterleiten – eine sehr stark vereinfachte Erklärung der in Wirklichkeit sehr komplizierten Prozesse in unseren Nervenzellen.

Serotonin ist ein solcher Botenstoff, der oft als »Glückshormon« bezeichnet wird. Nun hat eine einzelne Zelle aber nicht nur eine einzige Synapse, sondern rund tausend. Diese wiederum agieren nicht unabhängig voneinander, sondern sind im Normalfall ein eingespieltes Team. Das macht ihre Wirkweise nicht einfacher. Denn es bedeutet, dass das Gehirn Unmengen von Daten aufnehmen und weiterleiten kann. Verbunden ist das mit ungewöhnlichen Kombinationen, mit einer unglaublich großen Speicherfähigkeit all dieser einmal eingegangenen Informationen – nicht zu vergessen die Reaktivierungs- und Ausbauleistungen.

Das Gehirn ist damit das für uns Menschen unübersichtlichste Organ, weshalb die Systeme der Neurotransmitter so unglaublich faszinierend sind. Dem neuesten Stand der Hirnforschung zufolge bestimmen diese Systeme unsere gesamten Verhaltensweisen. Die Wissenschaft teilt sie derzeit in drei Hauptsysteme ein: in das »Belohnungssystem«, das »Angstsystem« und das »Vernunftsystem«. Für die Forscher ist klar, dass nur ein bestimmter Teil unseres Gehirns dem Schalten und Walten der Vernunft unterliegt. Ältere Teile sind dagegen von Emotionen geprägt (erinnert sei an die Basisemotionen), insbesondere von so angenehmen wie denen, die wir beim Verzehr einer leckeren Speise (sei es Schnitzel oder Schokoladenmousse) oder beim Sex empfinden. Bei derartigen Gefühlen wird das Belohnungssystem in Gang gesetzt, primäre Bedürfnisse werden befriedigt – und so wird auch sichergestellt, dass der Mensch als Mensch auf dieser Welt erhalten bleibt.

Das Belohnungssystem funktioniert übrigens über den Botenstoff Dopamin, der zu einem körpereigenen Opiatstoffwechsel gehört und im Nucleus accumbens, im Vorderhirn, lokalisiert ist. Das Belohnungssystem hat die besondere Fähigkeit, das Vernunftgehirn auszuschalten, wenn es glaubt, dass dies zum Überleben notwendig ist. In grauer Vorzeit musste ein noch so hübsches Tier gewaltsam erlegt werden, damit die Nahrung gesichert war, also das Schnitzel. Das Belohnungssystem gehört zum ältesten Teil des Gehirns und wird emotional gesteuert.

In die Schranken gewiesen wird es durch das Angstsystem. Gäbe es diese Spaßbremse nicht, hätte sich der Mensch wie im Schlaraffenland allein der Völlerei hingegeben, einzig getoppt von einem ausschweifenden Sexualleben. Ein Spielverderber war also notwendig, denn der Mensch lebte gleich zu Beginn seines Erdendaseins in einer Umwelt, in der es reichlich potenzielle Gefahren gab. Um sich in einer solch bedrohlichen Umgebung behaupten zu können, entwickelten sich notwendige strategische Reaktionsmuster wie Kampf, Flucht oder Sich-tot-Stellen. Da wurde instinktiv mit Schweißausbrüchen, Zittern oder gesteigertem Puls angesichts angriffswütiger Feinde »geantwortet«.

Wenn Sie Autofahrer sind, kennen Sie das nur zu gut: Sie kurven gerade durch eine Straße, und ein Ball rollt Ihnen vors Auto. Ohne einen Moment zu zögern, treten Sie scharf auf die Bremse. Unser emotionales Gehirn hat gelernt, einen Ball auf der Straße mit einem spielenden Kind zu verbinden. Diese Assoziation signalisiert dem Gehirn sofort, den Fuß in Bewegung zu setzen. Ein Reflex, der automatisches Reagieren ohne vorheriges Nachdenken gewährleistet.

Angst vor Spinnen stammt zum Beispiel aus früheren Erfahrungen. Zwar gibt es in unserer unmittelbaren Umgebung keine wirklich giftigen Spinnen, aber das Unbehagen ist geblieben. Es wurde uns vererbt von unseren Vorfahren, die es noch mit lebensgefährlichen Exemplaren der stillen Achtbeiner zu tun hatten.

Das Angstsystem ist jedoch nicht auf dieser frühen Stufe stehen geblieben, sondern hat sich im Laufe der Zeit in eine Richtung bewegt, die gerade für unsere kulturelle Entwicklung interessant ist: Es steuert unsere Empfindungswelt, die das menschliche Zusammenleben regelt. So zeigen wir dank dieses Systems Respekt gegenüber Älteren, verhalten uns höflich, wenn wir eine Schwangere im Bus sehen, und bieten ihr unseren Sitzplatz an. Wir fallen auch nicht über das Essen her, bevor nicht alle anderen am Tisch zu Messer und Gabel greifen; wir fühlen Scham, wenn wir nicht – trotz hoch und heiligen Versprechens – die Blumen des Nachbarn gegossen haben; wir bekommen Schuldgefühle, wenn wir fremdgegangen sind, und vermeiden es, politisch nicht korrekte Ausdrücke zu verwenden. Das Angstsystem hält uns davor zurück, uns sozial danebenzubenehmen, und bewahrt uns davor, von der Gesellschaft ausgestoßen zu werden. (Außer man will bewusst die Regeln brechen und nicht mehr Teil einer Gemeinschaft sein.) Auf diese Weise ermöglicht es neben der ökonomischen Globalisierung eine soziale Globalisierung – letztlich mein Anliegen. Es birgt die Chance für ein neues Miteinander.

Nicht vergessen möchte ich die dritte Instanz, die uns vermeintlich ausmacht: das Vernunftgehirn. Hier geht es um das Denken: Es ist gleichsam eine Plattform, um darüber zu reflektieren, was sich auf den beiden anderen Ebenen abspielt, was die jeweiligen Erfordernisse des Belohnungs- und des Angstsystems sind. Alles, was hier zur Sprache kommt, läuft auf einer bewussten Ebene ab. Da wird genau analysiert, wie man es anstellen könnte, eine andere Person für sich zu gewinnen, ob man nicht besser das frittierte Kalbsschnitzel gegen ein Tofuschnitzel austauschen sollte. Was spricht für das eine, was für das andere? Ist bei einem Date eine Einladung ins Kino oder eine ins Theater zielführender, will ich heute lieber Kalorien zählen oder eher sündigen? Manchmal kann man wunderbar an sich selbst beobachten, wie man mit sich ringt und am Ende die Gedanken des Vernunftgehirns sausen lässt, sodass das Belohnungssystem die Oberhand gewinnt. Da beißt man genussvoll in das Fleisch oder lässt sich auf den Flirt ein, was man zuvor für völlig undenkbar gehalten hätte nach dem Motto: »Der Typ darf mir nicht zu nahe kommen.«

Es sind meist nur kleine Konflikte, die ein Mensch durch seine drei Angstsysteme zu lösen hat. Ansonsten arbeiten die beiden archaischen Systeme und das jüngere Vernunftgehirn gut zusammen; man mischt sich nicht ein, wenn das eine oder andere gerade gebraucht wird, da ist man flexibel und sehr teamfähig. Manchmal wird die Vernunft auf biochemischer Ebene einfach ausgetrickst – was gut ist, weil das Leben sonst ziemlich langweilig und fad werden könnte. Natürlich gibt es hin und wieder umfangreiche Störungen, wie sie auch in den besten Systemen (oder Kreisen) vorkommen. Sie manifestieren sich in Krankheiten, meist seelischer Art. Aber von ihnen soll hier nicht die Rede sein, es geht ja um Kommunikation.

Ist etwa ein durchschnittlicher Deutscher einer Situation ausgesetzt, die er als Small Talk einschätzt und damit als fremd, registrieren die emotionalen Anteile seines Gehirns diese unbekannten Kommunikationsmuster; sie wittern nahezu eine Gefahr. Automatisch wird das Vernunftgehirn blockiert und damit das Verarbeiten der Situation, das heißt das gegenseitige Verstehen. Es ist Stress entstanden. Der Körper schüttet zu viel Adrenalin aus, wir bekommen Fluchtgedanken und möchten uns am liebsten tot stellen und von den anderen gar nicht wahrgenommen werden. Wie können die nur so ewig lang über eine Gebäcksorte reden? Und nun fangen sie auch noch an, über das Blau von Frau Jungs Kostüm zu philosophieren. Dabei kann ich Blau überhaupt nicht ausstehen.

Haben die denn nichts Besseres, worüber sie sich austauschen können?!

So vergleichbar die biochemischen Grundlagen im Gehirn aller Menschen sind, so unterschiedlich werden die Informationen je nach kultureller Prägung von den beiden archaischen Systemen verarbeitet, denn die »neuronalen Blockaden« sind in bestimmten Kulturkreisen anders gelagert, und das Zusammenspiel der drei Gehirninstanzen erfolgt nach anderen Mustern. Somit bedeutet für viele Menschen Small Talk eben eine effiziente Kommunikation und keine Zeitverschwendung und damit letztlich keine Gefahr.

Wenn nun aber bei uns angesichts einer Gebäck- oder Blauphobie Stress aufkommt, was ist in einem solchen Fall zu tun? Annehmen. Ja, wir sollten den Stress annehmen. *Change your words, change your world.* Wer die eigenen Worte ändert, ändert auch die Sichtweise auf die Welt. Probieren Sie es aus: Stellen Sie sich auf Ihr Gegenüber ein, entdecken Sie Gemeinsamkeiten! Small Talk ist *die* Möglichkeit, in eine Kommunikation einzutreten, die eine emotionale Annäherung fördert.

Einer der großen Kommunikationswissenschaftler des 20. Jahrhunderts war Paul Watzlawick, 1921 in Österreich geboren. Später ging er in die Staaten, nahm die amerikanische Staatsbürgerschaft an und starb 2007 in seiner Wahlheimat Kalifornien. Einer der entscheidenden Sätze, die er formulierte, war: »Man kann nicht nicht kommunizieren.« Wann immer zwei Menschen aufeinandertreffen, verhalten sie sich in irgendeiner Weise. Dieses Verhalten kann eine Abwehrmaßnahme oder eine Zuwendung sein. Wir können den anderen ignorieren und stattdessen auf das Display unseres Handys schauen – oder wir können den anderen umarmen, ihn anlächeln, ihn ansprechen. Wir können mitten im Gespräch die Arme verschränken oder plötzlich abwesend reagieren. Mit anderen Worten: Wir kommunizieren ununterbrochen, wobei die *eine* Form der Kommunikation zur Distanz führt, die *andere* aber in Richtung gemeinsamer Wellenlänge.

In der Psychologie wird Letzteres als »Spiegeln« oder auch als »Synchronisation« bezeichnet. Zwei Menschen geraten durch die Art und Weise, wie sie miteinander sprechen und sich körperlich verhalten, in einen Gleichklang, wobei es keineswegs darum geht, den anderen zu kopieren. Das Spiegeln ist ein unbewusstes emotionales Harmonisieren, eine Art Akklimatisierung, letztlich ein Näherkommen. Die Gesprächspartner fühlen sich automatisch akzeptiert, ein wohliges Empfinden breitet sich aus, denn wer sich angenommen fühlt, ist ähnlich glücklich wie bei einem Flirt. Die Signale, die das Gehirn beim Synchronisieren empfängt, regen es dazu an, entsprechende Botenstoffe auszuschütten.

Und das alles lassen wir uns entgehen, indem wir unsicher reagieren, wenn wir wieder einmal mit diesem »*How are you?*« angesprochen werden – das kommt ja sogar noch vor dem Wetter. Und was bedeutet das?

Moin, wie der Norddeutsche sagen würde – oder Hallo oder Servus.

Ja, Sie haben richtig gelesen. Moin. Unser Gegenüber will mit seiner Frage nicht wirklich wissen, wie es dem anderen geht. Es gibt definitiv nur eine korrekte Antwort darauf: Moin. Ja, richtig gehört. Nichts weiter als ein schlichtes Moin. Oder eben: »*How are you?*«

Vor einiger Zeit beobachtete ich in einem Hotel, wie ein Amerikaner seinen deutschen Kollegen begrüßte, natürlich in der typisch überschwänglichen Art: »*Hey, Mark, my friend. It's great seeing you again. How are you?* Mark, der Deutsche, antwortete ganz ehrlich: »Schlecht, meine Frau hat mich verlassen.« Ich konnte sehen, wie der Amerikaner, nahezu unmerklich für einen Außenstehenden, aber doch erkennbar, zusammenzuckte. Da war eine Botschaft in seinem archaischen Reptiliengehirn angekommen, die diese körperliche Reaktion in ihm hervorrief. Am liebsten wäre er zurückgerudert, hätte sich gern einem anderen Gesprächspartner zugewandt, denn keineswegs hatte er Lust, bei der Begrüßung mit so einem ernsten Thema konfrontiert zu werden. Die Ehrlichkeit und Offenherzigkeit des Deutschen machten ihm fast Angst, denn er wusste nicht, wie er sich aus diesem Dilemma befreien konnte.

Zu diesem Thema noch eine kleine Geschichte, die eine Freundin von mir erlebte: Cathrene, eine wunderbare Engländerin und großartige Geburtshelferin meiner Gedanken über einen internationalen Code für Deutsche, wollte an der Hamburger Universität ihre Sprachkenntnisse vertiefen.

Sie hatte in England gelernt, die Floskel »*How are you?*« mit »Wie geht es Ihnen?« zu übersetzen.

In England ist es üblich, als neuer Nachbar einen Kuchen oder Plätzchen zu backen und damit von Tür zu Tür zu ziehen, um sich vorzustellen. Als Cathrene diesen schönen Brauch hierzulande praktizierte und beim ersten Nachbarn klingelte, öffnete ihr eine etwa achtzigjährige Dame die Tür. Cathrene begrüßte die Nachbarin, nannte ihren Namen, bot ihr ein paar

Kekse an und fragte auf Deutsch: »Wie geht es Ihnen?« Die Dame zog sie daraufhin in ihre Wohnung, und Cathrene ist heute noch felsenfest davon überzeugt, dass sie die nächsten acht Stunden auf der Couch der älteren Dame zubrachte. Die erzählte ihr in allen Einzelheiten von ihrem Leberkrebs, sodass Cathrene am Ende vollkommen erschöpft war. Eine Lektion in Sachen »*How are you?*«, die sie so schnell nicht vergaß. Den nächsten Nachbarn bot sie nur freundlich ihre selbst gebackenen Kekse an.

Ohren auf

Das Wissen um die neuronalen Prozesse, die in unserem Gehirn ablaufen, erleichtert uns den Alltag enorm. Wir können mehr Verständnis für unsere Gesprächspartner entwickeln, wenn wir uns klarmachen, dass unser Gegenüber uns oft gar nicht versteht. Denn das Begreifen ist nicht eine Frage des Wollens, sondern des neuronalen Könnens. Es ist wichtig, uns bewusst zu machen, dass wir den anderen nicht neuronal blockieren sollten, sondern durch empathische Kommunikation für uns gewinnen können.

9
Der Tür- und Herzensöffner Nr. 1: So macht Small Talk Spaß

Small Talk ist der kürzeste Weg ins emotionale Gehirn, der Schlüssel zu einem Miteinander. So lassen sich Gemeinsamkeiten finden, und zugleich wird der Horizont erweitert. Da Small Talk bei Deutschen eine ähnliche körperliche Abwehr auslöst wie die Worte des deutschen Politikers in Madrid, sind die ersten Minuten des Gesprächbeginns zum Dreh- und Angelpunkt meiner Seminare geworden. Nach meinem Erlebnis mit Sascha habe ich mich in diese spannende Materie vertieft und neben meiner Arbeit als selbstständige Dolmetscherin ein Kommunikationskonzept entwickelt: Es trägt den Namen »Englisch Code«. Ich bin inzwischen überzeugt davon, dass wir Deutsche uns auf dem internationalen Parkett eleganter bewegen könnten – der Englische Code ist der Schlüssel dazu.

Während wir nämlich vor Small Talk gern Reißaus nehmen und zum Typus des Small-Talk-Vermeiders zählen, gehört diese leichte Form des Gesprächs im Rest der Welt zum guten Ton. Laut Duden ist Small Talk die »leichte, beiläufige Kommunikation« – eben genussvoll praktiziert. Da verläuft ein Gespräch wie ein Tanz, ganz gleich, ob es um den Bau einer Fabrik, um ein Upgrade in einem Hotel oder um einen Schuldenschnitt geht. Bevor Nachbarn aus anderen Kulturen zur Sache kommen, zeigen sie sich einfach von der besten Seite, versuchen, dem anderen mit spielerischer Anmut zu begegnen. Wir Deutschen sind da ein wenig anders: Wir werden nervös, uns fällt nichts ein, was wir dazu beitragen können, schielen zur Uhr. Jeder weiß, dass wir uns in internationalen Gruppen auf dieses »oberflächliche Geplänkel« einlassen sollten, doch noch immer stehen viele deutsche Muttersprachler diese erste Gesprächsphase ungern durch. Dabei ist sie die wertvolle Chance, eine gemeinsame Gesprächsebene herzustellen.

Für uns ist es schwierig zu verstehen, dass man mit dem anderen über die Herkunft des köstlichen Tees oder das hübsche Ambiente spricht, um sich näherzukommen. Wird in einer Runde mit ausländischen Kollegen mal wieder über das Wetter geredet, denken wir: Ich kann nicht die ganze Zeit über das Wetter reden. Was macht das für einen Sinn? Wie soll ich nur zehn Sätze über den letzten Regentag von mir geben? Das hat doch weder Tiefgang noch Substanz. Da schaue ich mir einfach nach den Nachrichten im Fernsehen die Wetterkarte an und weiß, ob es morgen regnen oder die Sonne scheinen wird. Jetzt aber fällt mir absolut nichts ein, was ich zum Wettergespräch beitragen könnte. Etwa dass ich für meine Kinder noch neue Gummistiefel kaufen muss? Wen interessiert das? Ist doch belanglos. Keinem hilft das bei dem gemeinsamen beruflichen Projekt weiter. Und je länger die anderen über das Wetter, italienischen Barock oder die Vorzüge der großmütterlichen japanischen Nudelsuppe plaudern, umso mehr fühlen wir uns gestresst. Sie kennen das sicher: Wir halten all das für überflüssig. Diese Belanglosigkeiten sind ja kaum auszuhalten. Reine Zeitvergeudung! Wir unterhalten uns doch lieber über interessante Dinge.«

Wenn es indiskret wird
»Ich weiß nicht, wie es kommt, dass wir alle eine heimliche Freude an Dingen haben, die ins Ohr geflüstert werden ...« Das sagte einst der antike Satiriker Lukian von Samosata. Schon er war vom universellen Bedürfnis der Menschen überzeugt, sich nicht nur über das Wetter auszutauschen, sondern auch über indiskrete Sachverhalte. Dabei schließe ich ausdrücklich bösartige Enthüllungsstorys und das Reden über abwesende Personen im Sinne übler Nachrede aus. Damit können sich die gemeinen bunten Blätter beschäftigen. Dennoch gilt das, was Oscar Wilde einmal behauptete: Der Klatsch sei das zweitschlimmste Übel, das größte sei es, wenn überhaupt niemand über einen rede.

Wir Deutschen haben gelegentlich Mühe, Indiskretionen zum Gegenstand von Unterhaltungen zu machen. Dabei sollte Ihnen klar sein: Weder ist Klatsch immer gehässig noch ist Klatsch leeres Gewäsch, sondern er hat eine soziale Funktion. Wir tauschen dabei Informationen aus, die eher privater Natur sind. Diese beiläufige Kommunikation im Treppenhaus, im Café oder auf der Straße ist wie beim Small Talk eine Möglichkeit, sich emotional zu nähern. Wir zeigen uns gegenüber dem anderen freundlich, vertreiben uns gemeinsam die Zeit – und werden vertraut miteinander. Ist eine gewisse Nähe erst hergestellt, gibt es keinen unangenehmen Gesprächsstillstand mehr. Ein Schweigen zwischen Menschen, die zuvor miteinander geklatscht haben, wird nie als unangenehm empfunden und bringt den anderen auch nicht in Verlegenheit. In einer solchen Situation fühlen wir uns eher sicher, verbunden wie in einem familiären Netzwerk. Der Klatsch wirkt wie ein Geheimnis, obwohl er eigentlich keines ist, weil sich die Neuigkeit vielleicht schon in der einen oder anderen Weise verbreitet hat.

Nutzen Sie diese Form des gesellschaftlichen Miteinanders. Wenn Sie ins Ausland fahren, greifen Sie zu den Zeitungen und informieren Sie sich über den aktuellen Klatsch. Sie können damit ungemein punkten.

Und glauben Sie nicht, dass Klatsch nur Frauensache ist. Angebliche Top-Secret-Nachrichten bereiten auch Männern viel Vergnügen. Da braucht es nur einen kurzen Blick in die Tagebücher der Brüder Edmond und Jules de Goncourt. Die beiden französischen Literaten aus dem 19. Jahrhundert hatten verfügt, ihre Schriften dürften erst nach ihrem Tod veröffentlicht werden. Kein Wunder, denn darin heißt es zum Beispiel über den Autor der *Kameliendame*, Alexandre Dumas: »Dumas ist der Vorsichtigste der ganzen Welt, keinerlei Leidenschaft, vögelt nur ganz regelmäßig ... will nicht heiraten, weil es zeitraubend ist, sein Gefühlsleben ist geregelt wie ein Uhrwerk.«

Wir Deutschen fühlen uns – selbst in Konferenzpausen – um ein Vielfaches wohler, wenn wir nicht nur »heiße Luft« produzieren, sondern mit Sinn und Verstand sprechen. Wir sind eben Kinder unserer Kultur. Mit Vorliebe würde einer von uns noch ein weiteres Mal auf das Vierstufenmodell eingehen, das in den letzten beiden Stunden im Konferenzraum besprochen wurde. Letzteres könnte man ja noch in die eine oder andere Richtung ausfeilen. In seinem Kopf hat unser Landsmann sich das Für und Wider schon genauestens zurechtgelegt. Das könnte alle weiterbringen, aber nein, da müssen die anderen Konferenzteilnehmer stattdessen darüber diskutieren, welche Frau denn schöner sei, Angelina Jolie oder Jennifer Aniston. Weltbewegend! Unser Blick auf die Uhr ist dabei obligatorisch – wann ist bloß die Pause vorbei?

Eigentlich tickt bei uns ständig die Uhr. Wird die Pause durch dieses unnütze Rumreden auch noch in die Länge gezogen, denken wir permanent: Hey, wir müssen uns doch beeilen. Einer aus unserer Gruppe muss den Flieger erwischen, ein anderer den Zug. Und wir haben noch gar nicht alle Eventualitäten unseres Modells ins Auge gefasst. Das Problem ist nur: Jeder im Raum bemerkt, dass wir wenig entspannt wirken. Unsere Gesprächspartner haben schnell das Gefühl, uns zu langweilen. Sie überlegen, was sie falsch gemacht haben. Wie soll man sich da näherkommen?

Gern sprechen wir über Vernünftiges wie die Landenteignung indischer Kleinbauern, über die Salafisten oder die Unruhen in Ägypten, Hongkong oder der Ukraine. Politische, religiöse oder schwierige soziale Themen sind beim Small Talk jedoch tabu. In einem meiner Seminare brach eine Mexikanerin vor allen anderen Teilnehmern in Tränen aus. Sie berichtete, regelmäßig werde sie von Deutschen auf den mexikanischen Drogenkrieg angesprochen. Sie empfinde das als sehr abwertend, als sei ihr Land nichts weiter als eine einzige Drogenmafia und alle Mexikaner seien entweder Drogenkonsumenten oder Dealer. Ich versuchte ihr zu erklären, dass wir Deutschen das keineswegs so meinen, sondern lediglich unser Interesse an ihrem Heimatland zum Ausdruck bringen und mehr über das Land erfahren möchten. Für die Mexikanerin war es schwer zu verstehen, wieso wir Deutschen meinen, uns mit solchen politischen Statements zu Beginn eines Gesprächs als offene und interessierte Erdenbürger zeigen zu können. Ich unternahm einen weiteren Anlauf, um ihr unsere andere Kommunikationskultur zu erklären.

Ähnlich wie die Mexikaner schätzen es auch Inder und Südafrikaner nicht, auf Gewaltexzesse in ihrem Land angesprochen zu werden. Stellen wir uns einfach mal vor, wir würden als Deutsche ständig an Hitler, den Zweiten Weltkrieg und die damit verbundenen Verbrechen erinnert werden. Das fänden wir weder nett, noch wäre es eine gute Voraussetzung für ein Gespräch/eine Verhandlung. Ein Erfolg versprechender Small Talk hingegen sieht etwa folgendermaßen aus:

- *Mexiko hat so eine spannende Kultur und eine so lange Geschichte, das ist unglaublich faszinierend. – Mexico has such an exciting culture and such a long history; it's so fascinating!*

- *Indien hat so viele Facetten, es muss toll sein, in einer solchen Vielfalt aufzuwachsen – India has so many facets. Isn't it exciting to grow up in such a wealth of diversity?*

- *Ich habe gerade gelesen, dass es in Kapstadt eine große schottische Gemeinde geben soll. Stimmt das? – I have just read that there is quite a big Scottish community in Cape Town. Is that true?*

Für einen guten zwischenmenschlichen Start vergessen Sie sämtliche Probleme. Beginnen Sie mit den schönen Dingen. Ein paar freundliche Worte sind *die* Eintrittskarte schlechthin. Behalten Sie im Hinterkopf, dass in Brasilien, Indien oder China, im gesamten arabischen oder afrikanischen Raum das Warmwerden etwas länger dauert. In China ist es beim Small Talk unter männlichen Geschäftspartnern sogar gang und gäbe, sich kleine Komplimente über das gute Aussehen zu machen. Chinesen rate ich deshalb augenzwinkernd: »Machen Sie beim ersten Treffen einem deutschen Mann bloß keine Komplimente über dessen Aussehen. Der kriegt nur Angst.« Noch heute habe ich ihn vor Augen, den Gesichtsausdruck eines Lübecker Ingenieurs, als sein Kollege aus Yangmei die Schönheit seiner Hände und Augen pries.

Davon abgesehen sind alle Small-Talk-Themen zielführend, die Anerkennung zum Ausdruck bringen:

- *Danke, dass Sie sich die Mühe gemacht haben, hierherzukommen. – Thanks for taking the trouble to come all this way. We really appreciate it.*

- *Wie war die Fahrt? – How was your trip?*

- *Es ist doch ein langer Flug aus Amerika – haben Sie noch Jetlag? – Flying in from the USA is quite a journey. Are you still jet lagged?*

- *Kann ich etwas für Ihr Wohlbefinden tun? Mögen Sie vielleicht einen Kaffee oder einen Tee? Ach, Sie sind auch ein Teetrinker? – Is there anything I can do for you? Would you like some coffee or tea? Oh, you are a tea drinker as well?*

Herauszufinden, welche Gemeinsamkeiten wir haben, ist ausgesprochen hilfreich. Ich erinnere an das Wunder der Spiegelung, an die archaischen Muster in unseren Gehirnen. Entscheidend ist: Die biochemischen Prozesse in unseren Gehirnen sind überall auf der Welt die gleichen. Sobald unser emotionales Gehirn den Worten, die wir austauschen, gerne lauscht, schwimmen wir auf derselben Welle.

Werden Sie zum Small Talker. Small Talk hilft, die eigene Karriere zu fördern. Internationale Deals gelingen besser, da Ihre ausländischen Partner Menschen schätzen, die sich nicht nur durch fachliche Fähigkeiten hervortun. Zeichnen Sie sich auch als erfolgreicher Netzwerker aus und ermöglichen Sie Ihrem Gegenüber, sich ein Bild von Ihnen zu machen.

Was ist Small Talk tatsächlich? Diese Gesprächsform, die wir aufgrund unserer (Überlebens-)Geschichte nie so richtig entwickelt haben? Die Duden-Definition, es handle sich um eine »leichte, beiläufige Kommunikation«, greift zu kurz.

Im Grunde fordert der Small Talk uns zu einem Wechsel auf: Ändere jetzt deine Art zu sprechen, und mit dem Ändern der Worte ändert sich für diesen Moment auch die Welt.

Aber wie hat sich Small Talk in anderen Kulturen entwickelt? Ein erstes Beispiel: China. Die Menschen, die in Pekings Verbotener Stadt lebten, sprachen ein so kunstvolles Chinesisch, dass außerhalb der Mauern des Kaiserpalasts, niemand diese Elite verstand. Allerdings kam es vor, dass der eine oder andere diesen geschlossenen Ort verlassen musste, um vielleicht mit einem Notar auf dem Land eine Erbschaftsangelegenheit zu regeln. Damit der Austausch von Informationen zwischen den beiden funktionierte, musste der Bewohner der Verbotenen Stadt seine hohe Sprachebene verlassen. Und wenn er klug war, ließ er sich nicht nur sprachlich auf das Niveau des Notars ein, sondern stellte sich auch auf seine Lebensgewohnheiten ein. Das Gespräch der gesellschaftlich ungleichen Männer war also mit Empathie gegenüber der jeweils anderen Lebenswelt verbunden.

Auch heute können wir das noch erleben. Steigt in England ein Professor in ein Taxi, das ein Waliser fährt, der als junger Mann in einem Bergwerk arbeitete, so haben wir eine ähnliche Situation. Beide sprechen Englisch, aber mit ganz eigener Färbung, wobei sie durchaus stolz auf ihre je eigene Sprachkultur sind. Damit der Professor und der einstige Bergarbeiter sich verstehen, überbrücken sie ihre Sprachklassen durch Small Talk.

In Deutschland gab es diese »Sprachklassen« oder »Klassensprachen« nur bedingt. Der Klerus hielt den Gottesdienst zwar in Latein ab, doch in der Beichte konnte man sich ganz normal im regionalen Dialekt mit dem Herrn Pfarrer unterhalten. Der Hochadel sprach vielfach Französisch, der niedere Adel ein Deutsch, das eher funktional und eindeutig war. Da mussten sich Gesprächspartner nicht sehr bemühen, um sich »spiegeln« zu können.

Dieser Tanz, den Chinesen, Engländer oder andere Nationen seit Jahrhunderten vollführen, findet nicht nur mit Worten statt, sondern auch mittels der Körpersprache, durch Blicke, Mimik, Gesten und die Tonalität der Stimme. Auf solche Signale wird besonders geachtet: Lächelt der andere? Schaut er mich freundlich an? Ist der Oberkörper mir zugewandt – oder weicht mein Gegenüber meinem Blick aus? Weisen die Füße schon Richtung Tür?

Ein Paar, um noch einmal ein alltägliches Beispiel zu nehmen, versteht sich blendend, wenn beide beim Reden ihre Worte nahezu gleich betonen und in fast derselben Lautstärke und Geschwindigkeit reden. Körper und Stimme strahlen dann Einigkeit aus. Oft geht es sogar noch weiter, wenn die Wellenlänge stimmt: Sobald die Frau ihre Beine übereinanderschlägt, tut der Mann das Gleiche, ohne sich dessen bewusst zu sein. Faltet er die Hände vor dem Körper, dauert es nicht lange, bis sie etwas Ähnliches macht. Und legt er den Kopf leicht schief, spiegelt sie diese Geste ebenfalls. Die beiden bewegen sich in einem vergleichbaren Tempo, wahrscheinlich atmen sie sogar im selben Rhythmus. Und wenn international auf diese Weise die verbale Kommunikation funktioniert, dann klappt es auch mit den Nachbarn.

Wissenschaftler gehen davon aus, dass wir uns bei dieser Art der Nivellierung als Menschen gleich fühlen, weil sich unsere Körpersprache auf unsere Gedanken und Emotionen auswirkt. Allerdings gibt es abhängig von den kulturellen Gegebenheiten durchaus Unterschiede. Anders ist es nicht zu verstehen, dass Deutsche Komplimente, Lobeshymnen, Schmeicheleien und eben Small Talk schnell als unangenehm empfinden, während für andere Kulturen diese Form der Wertschätzung beim Aufbau von Nähe ungemein wichtig ist. Eine Runde Opernball ist da immer willkommen!

Und genau aus diesem Grund finden Amerikaner es sehr befremdlich, wenn andere nicht zum Ausdruck bringen, dass der eigene Erfolg und das gute Leben Ergebnis großen Engagements und Könnens sind. F. Scott Fitzgerald hat dieses Denken in seinem Roman *Der große Gatsby* zum Thema gemacht, und auch der Film *Pretty Woman* handelt davon: Ein Geschäftsmann und eine Prostituierte verlieben sich, und das Happy End ist trotz kleiner Turbulenzen in Sicht. Illusion pur, märchenhaft und süß, aber in jedem Filmdialog steckt der unabdingbare Glaube, trotz aller Hindernisse sei der soziale Aufstieg zu schaffen. *New Frontier* eben.

⃝ Ohren auf

Small Talk ist der Schlüssel zum emotionalen Gehirn Ihres Gesprächspartners. War dieses Sprachritual früher notwendig, um die Barrieren zwischen den unterschiedlichen Sprachklassen abzubauen und einen Informationsaustausch überhaupt erst zu ermöglichen, so ist Small Talk heute eine Art Synchronisation. Machen Sie sich ein

Bild von Ihrem Gesprächspartner, entdecken Sie Gemeinsamkeiten, lassen Sie sich auf sein Denken, sein Fühlen ein. Letzteres ist die Voraussetzung dafür, genauso verstanden zu werden, wie wir verstanden werden wollen. Um ein Weiterkommen auf sachlicher Ebene zu garantieren, ist, neudeutsch gesagt, Chillen notwendig.

10

Spielen wir unsere Asse aus

Die Small-Talk-Regel Nummer eins lautet: *Make the other person feel good* – Geben Sie Ihrem Gegenüber ein gutes Gefühl. Begrüßen Sie den Gastgeber bei einer Einladung im Ausland bloß nicht mit Worten wie: »Was ist das heute wieder für ein entsetzliches Wetter ...« Viel besser ist: »Hey, schön, dass ich hier sein darf. Danke für die Einladung.«

Damit ist der Auftakt gelungen. Wir erobern, die Bereiche unserer Gehirne, die für Empfindungen und Gefühle zuständig sind. Mit diesem Schritt ist es uns möglich, auf Menschen zuzugehen, mit denen wir weltweit arbeiten und uns austauschen möchten. Schaffen wir es, uns über das Synchronisieren, über ein Spiegeln unserer Verhaltensweisen in einem guten Sinne anzupassen, gelingt etwas Wunderbares: Sie können den anderen besser verstehen, sich in ihn hineindenken, Sie gewinnen Freunde, die kurz zuvor noch Fremde waren. Wenige Gefühle sind schöner, als zu einem anderen Menschen eine gelungene emotionale Verbindung herzustellen. Das ist ein unglaublich großes Erfolgserlebnis, ein wohliges Empfinden von Vertrautheit – ich weiß, bei diesem Menschen kann ich um Hilfe bitten, sollte es einmal nötig sein. Denn gehen wir davon aus, ein ähnlich gestimmtes Gegenüber vor uns zu haben, gibt es kaum noch Gräben. Schon viele Psychologen haben in Studien festgestellt, dass die Menschen sich dann einfach mögen und sehr viel weniger in Zweifel ziehen. Erst wenn etwas wirklich Gravierendes passiert, kann diese emotionale Bindung kippen.

Nun stehen dieser emotionalen Bindung aber so einige typisch deutsche Denkmuster und damit verbundene Verhaltensweisen im Weg, die wir erlernt haben, um Probleme zu lösen und Entscheidungen zu treffen. Schnell argumentieren wir, widersprechen, machen effiziente Vorschläge, und wenn wir gleich mit der Tür ins Haus fallen, werden wir kaum zu einer Übereinstimmung mit unseren Gesprächspartnern finden. Das ist nicht verwunderlich, selbst wenn unser Gegenüber insgeheim »dem Deutschen« recht gibt. Doch der ist ihm in seiner Kommunikation zu sachbezogen, zu sehr inhaltlich orientiert, da fehlt das gewisse Etwas, um eine Rundumzustimmung zu ermöglichen. Es könnte so entspannt sein, wenn wir uns auf allen Ebenen verstehen würden, nicht nur auf der, die über das Vernunftgehirn abläuft. Sobald sich jemand tiefer verstanden fühlt, ist er am Ende auch offener für die Botschaften, die andere anbringen möchten.

Viele von uns unterschätzen die Bedeutung dieser emotionalen Ebene. Das kulturelle Erbe, das wir in uns tragen, ist keineswegs in Stein gemeißelt. Und auch die Synapsen, die Lötstellen, an denen die so wichtigen Botenstoffe mittels elektrischer Ladungen herauskatapultiert und weitergeleitet werden, lassen sich überlisten. Unsere Denkmuster sind zu beeinflussen, es muss nicht immer nach Schema F in unserem Gehirn ablaufen. Dank heutigem Wissen über die biochemischen Hintergründe sind wir den gedanklichen Abläufen in unserem erst einmal verwirrend komplex erscheinenden Gehirn auf die Spur gekommen. Es verbirgt sich nichts Magisches, nichts Mystisches hinter der Stirn. Bestimmte Moleküle sind zur rechten Zeit am richtigen Ort, mögen einige Gehirnareale als noch so archaisch oder animalisch gelten. Das klingt vielleicht etwas prosaisch, wenn von der Biochemie die Rede ist, die wenig Einfluss zulässt. Die wunderbare Welt der Moleküle bietet nämlich eine Chance. Sehr wohl können wir Macht über unsere innere Biochemie erlangen, wir sind ihr nicht einfach ausgesetzt, wir haben einen eigenen Willen, mit dem wir gute »Manipulationen« vornehmen können.

Damit sind wir beim positiven Denken angelangt. Nicht bei dem des Amerikaners Dale Carnegie, der erst in New York Seifen, Speck und Lastwagen verkaufte, bevor er begann, im Verein für junge Männer Rhetorikseminare anzubieten. Er vermittelte den Teilnehmern nicht nur die Grundprinzipien der freien Rede, sondern hielt sie auch dazu an, mittels eines bestimmten Trainings zu einer positiven Lebenseinstellung zu finden. Später schrieb Carnegie Bücher wie *Sorge dich nicht, lebe!*, die weltweit millionenfach verkauft wurden. Nein, derartige Methoden mögen im Umgang mit Stressmanagement entscheidend sein. Hier geht es darum, das Gehirn so weit neu zu programmieren, dass die archaischen Hirnanteile wieder deutlicher zum Zuge kommen. Sozusagen eine kulturelle Neujustierung, die mit ein bisschen Einsatz gelingt und reichlich belohnt wird. Eine gelungene Synchronisation lässt Ihren

Geschäftspartner lächeln, sobald er Ihre Telefonnummer auf dem Display seines Handys erkennt.

Also, fangen Sie an und starten Sie mal wieder eine Charmeoffensive! Zu Anfang erwähnte ich, dass man einem Franzosen wenig schönere Komplimente machen kann als:»Was sprechen Sie für ein schönes Französisch!« Sie müssen nicht gleich damit anfangen, sich in Plaisanterie zu üben, sondern können auch das vermaledeite Wetter zum Gegenstand der Übung werden lassen. Ja, genau, zum Hassobjekt. Jetzt schimpfen Sie darüber jedoch nicht mehr, sondern sorgen damit für richtig gute Laune. Kaum jemandem dürfte es schwerfallen, Sätze zu sagen wie:»Oh, heute ist richtiges Eisesswetter« oder:»Dieses Jahr konnte ich aufgrund der herrlichen Temperaturen fast jeden Tag in dem See baden, der in unserer Nähe liegt.« Sie werden erstaunt sein, wie man Sie auf einmal ganz anders ansieht, wenn Sie mit solchen Aussagen ein Gespräch eröffnen. Falls Sie sich nicht mit dem Wetter quälen wollen, gibt es sicher Themen, die Ihnen mehr Spaß machen, Sport zum Beispiel oder das Essen.

Auch wenn wir Deutsche – unbewusst – darauf konditioniert sind, eine Unterhaltung zu führen, in der es um den nächsten Winter, den nächsten Streik der Bundesbahn, die nächste Steuerprüfung geht, sollten wir uns klarmachen, dass wir damit Menschen anderer Kulturen verunsichern. Natürlich empfindet man dort Streiks und Verspätungen im öffentlichen Verkehr ebenfalls als nervig, ganz zu schweigen von Briefen mit dem Absender Finanzamt. Doch im Vordergrund steht bei ihnen immer das Positive. Die unangenehmen Dinge sind nicht zu ändern, und deswegen ist das auch kein Grund, sie in den Vordergrund zu rücken.

Machen Sie Komplimente! Damit lösen Sie bei fast allen Menschen Wohlgefühl aus. Zeigen Sie sich von Ihrer charmantesten Seite, sowohl im privaten wie im beruflichen Umfeld, dann ist Ihnen ein gelungener Auftritt sicher:

- *Schön, dass ich heute hier sein darf. – Wonderful that I can be here today.*

- *Was tragen Sie da für einen hübschen Schal! – What a nice scarf you are wearing today!*

- *Auf dem Foto, sind das Ihre beiden Kinder und Ihre Frau? Man kann Sie darum beneiden. – Is that a picture of your wife and children? What a lovely family. Congratulation.*

- *Die Bilder, die Sie an der Wand hängen haben, gefallen mir ausgesprochen gut. – I love the pictures on your wall.*

- *Ihr Büro ist so geschmackvoll eingerichtet. Dieses Ambiente ist sehr stilsicher. – Your office is tastefully furnished. It creates a feeling of confidence.*

- *Was für eine schöne Aussicht! – What a great view!*

- *Nach diesem Essen ging ich beschwingt nach Hause. – After the dinner I went home in high spirits./I left the dinner in high spirits.*

- Die Atmosphäre auf Ihrer Party: sensationell, da ist Ihnen wirklich etwas gelungen. – Sensational atmosphere at your party! You really did a great job.

- Sie haben so nette Menschen um sich versammelt. – You have surrounded yourself with really nice people.

- Das gesamte Haus, so wie Sie es eingerichtet haben, ich kann Ihnen nur dazu gratulieren. – The entire house looks terrific; I love the furnishings.

- Die Unterlagen haben Sie sehr professionell aufbereitet. – You really did a great job with/handling those documents.

- Ihr Auftritt auf der Konferenz hat mir sehr gut gefallen. – I really liked your performance at the conference.

- Ich schätze Ihre Meinung sehr. – I highly value your opinion.

- Es ist schön, dass ich Ihre Bekanntschaft gemacht habe. – It has been such a pleasure meeting you.

All diese Aussagen sind »ansteckend« positiv. Eine bewusste Kommunikation ist nicht nur eine unbedeutende Nebensächlichkeit, sondern birgt die Möglichkeit, die Welt insgesamt ein klein wenig zu verändern. *Change your words, change your world*, lautet ein beliebtes Bonmot der angelsächsischen Sprachkultur. Probieren Sie es aus. Wenn wir für mehr Energie und eine bessere Chemie sorgen, gestalten wir unsere Tage freudvoller und positiver. Sicher denken Sie gerade: Warum muss ich denn freundlich sein, warum nicht der andere? Sie kennen das: Morgens stehen Sie mit dem linken Fuß auf, stoßen die Kaffeetasse um und verpassen den Bus. Und dann steht da ein kleines Mädchen an der Bushaltestelle und lächelt Sie an. Strahlend und offen. Sie lächeln zurück, genauso strahlend und offen. Und mit diesem Lachen begegnen Sie auch den anderen Menschen an diesem Tag, der so chaotisch begonnen hat. Plötzlich lächeln viele zurück. Es ist ansteckend, Ihr Lachen. Engländer sagen: *A smile can travel the world.* Es ist ein Dominoeffekt. Wenn ich es schaffe, dass der andere sich gut fühlt, wächst es weiter, dieses Wohlempfinden. Und einer sollte eben anfangen. Sie!

Noch ein Szenarium: Sie seufzen still in sich hinein, wieder einmal sind Sie zum Small Talk herausgefordert. Das Seufzen oder Jammern können Sie jetzt vergessen. Schauen Sie sich stattdessen genau die Leute in der Runde an und versuchen Sie herauszufinden, was Sie mit den einzelnen Menschen gemeinsam haben. Sobald Sie erfolgreich eine Beziehungsebene aufgebaut haben, kann Ihnen Ihr Geschäftspartner leichter Zugeständnisse machen. Sie werden mehr als angenehm überrascht, womöglich sogar verwundert sein, wie viel Zeit Sie mit gut gepflegten Beziehungen sparen und wie sehr Sie Ihr Leben damit bereichern.

Warum? Die meisten beruflichen Begegnungen sind keine einmalige Angelegenheit. Mit Ihren Partnern in Vietnam, China, Amerika, Russland, Südafrika oder Saudi-Arabien werden Sie vielleicht noch viele Jahre zusammenarbeiten.

Stellen Sie sich vor, wie einer Ihrer Ansprechpartner mit dem Gedanken »Nein, nicht der schon wieder, nicht heute« innerlich aufstöhnt, wenn Ihre Mails eintreffen oder er Ihre Nummer auf seinem Telefondisplay erkennt. Kopfschüttelnd denkt er: Geschäftlich ist er ein Klassetyp, zu hundert Prozent zuverlässig, aber kaum ein privates Wort. Und seine *It's-very-important*-Mails sind wie zu viel Salz in der Suppe. Er ist befremdet, und mit einem »Aufgeschoben ist nicht aufgehoben« beschließt er, sich erst später um Ihr Anliegen zu kümmern. Sie wiederum werden warten müssen.

Ist es nicht in unserem ureigenen Interesse, wenn jemand gerne mit uns zusammenarbeitet? Stellen Sie sich vor, wie sich Ihr Ansprechpartner über Ihre E-Mail oder Ihren Anruf freut und dass die erste Assoziation, die Sie auslösen, ein »Schön, von ihr zu hören. Der wollte ich eh zur gewonnenen WM gratulieren« ist.

Unsicher fragt sich Ihr Geschäftspartner, warum es ihm schwerfällt, mit Ihnen warm zu werden. Wieso kennt er Sie kaum? Warum weiß er nicht, woher Sie kommen, aus welcher Familie Sie stammen? Stattdessen wird er mit Fakten überschüttet.

Geben Sie anderen die Chance, uns für mehr als unsere technischen Qualitäten, unsere coolen Autos und unseren Fußball zu bewundern. Geben Sie anderen die Chance, sich ein Bild von Ihnen machen zu können. Sie sind ein wunderbarer, interessanter Mensch. Zeigen Sie das! Wir können gut mit Menschen über Jahrzehnte hinweg zusammenarbeiten, ohne etwas von deren Privatleben zu kennen. Umgekehrt geht das nicht.

Wagen Sie es! Seien Sie die positive Ausnahme! Gerade weil Kommunikation sich ändert, immer mehr über digitale Medien geführt wird, ist es wichtig, die persönliche Ebene bei der Pflege von Beziehungen nicht zu vernachlässigen. Lob ist ein perfektes Mittel zum Zweck – Negatives behalten Sie besser für sich, denn Ihr Gegenüber soll das Gespräch mit Ihnen ja genießen. Deshalb erwähnen Sie nicht Ihre Scheidung, die Sie in den vergangenen Monaten durchstehen mussten, erzählen Sie nichts von einer schweren Erkrankung Ihres Vaters.

Und noch ein Tipp: Lassen Sie den anderen sich auch dann gut fühlen, wenn Sie sich verabschieden müssen. Sagen Sie nie, selbst wenn Ihnen die Zeit davonläuft: »Ja, Entschuldigung, jetzt muss ich etwas Wichtiges erledigen, der Stapel auf meinem Schreibtisch ist gewaltig.« Oder: »Leider muss ich mich nun von Ihnen verabschieden, ich muss zum Chef.« Der chemische Zufriedenheitscocktail, der so schön zusammengemixt wurde, kippt sofort, als hätte man ihm Bitterstoff zugefügt. Ein solcher Schlusspunkt klingt nämlich wie: »Ich habe genug von dir, und eigentlich bist du mir gar nicht so wichtig.« Für das emotionale Gehirn ist das eine Katastrophe, die Entschuldigung wird als verletzend aufgefasst. Ein Kompliment beim Verabschieden hingegen lässt solche Hintergedanken erst gar nicht aufkommen:

- *Es war nett, hier zu sein und mit Ihnen zu plaudern. Haben Sie noch einen schönen Abend. – I so much enjoyed being here and talking to you. Have a great evening.*

- *Das war jetzt richtig spannend, Ihnen zuzuhören/mit Ihnen zu reden. Wie schade, dass ich schon weg muss. – I very much enjoyed listening to you/talking to you. What a pity I have got to leave.*

- *Sie sind ja ein wahrer Paris-Experte. Danke für die Tipps, die werde ich das nächste Mal ausprobieren. Wie hieß das kleine Bistro noch mal? – What an expert on Paris you are. Thanks for all the recommendations. I can't wait to check them out. What was the name of that Bistro again?*

Ein Kompliment verbunden mit einem »Ich wünsche Ihnen eine gute Reise/einen guten Tag/eine inspirierende Konferenz/einen erfolgreichen Vortrag« macht unmissverständlich klar, dass Sie sich aus der Gesprächssituation (aus welchem Grund auch immer) entfernen müssen. Während meiner UN-Tätigkeit konnte ich mehrmals erleben, wie sich etwa Amerikaner auf diese Weise aus einem Gespräch verabschiedeten und wir Deutschen uns stehen gelassen fühlten: »Moment, ich war aber noch nicht fertig mit meinen Ausführungen.« Während es für uns verletzend ist, wenn jemand grundlos das Weite sucht – es kommt uns äußerst unrund vor –, empfinden alle anderen Nationalitäten (bis auf Finnen, Israelis, Letten und eben Deutsche) so, wenn wir ihnen mit einer Rechtfertigung begegnen.

»*Have a good day!*« – »Moment, ich war aber noch nicht fertig«, besser kann man das kulturelle Gefälle nicht auf den Punkt bringen.

Es war zu meinen Dolmetschzeiten als ein deutscher Politiker nach einem Englisch-Intensivtraining Gast einer UN-

Veranstaltung war. Ein Amerikaner machte den Fehler, den Deutschen für seine neu erworbenen Kenntnisse zu loben: »Wie sich Ihr Englisch in so kurzer Zeit verbessert hat, das ist großartig.« Mit diesem Lob wuchs das Selbstbewusstsein unseres Volksvertreters, munter redete er weiter, war überhaupt nicht mehr zu stoppen.

Der Amerikaner wurde zunehmend ungeduldig, schließlich versuchte er, sich zu verabschieden: »*It's been such a pleasure seeing you, and I've so much enjoyed talking to you.*« Er benutzte extra das Present Perfect, die abgeschlossene Gegenwartsform – und auch wenn er noch vor dem Politiker stand, war er gedanklich schon weit weg. Doch der Angesprochene hörte nicht auf zu reden, stolz über sein jetzt nahezu fließendes Englisch. Zu Recht. Irgendwann war der höfliche Amerikaner derart verzweifelt, dass ihm ein »*Call of nature!*« über die Lippen kam. Daraufhin meinte der Politiker vollkommen arglos: »Ich habe aber nicht gehört, dass Ihr Handy klingelte.« »*Call of nature*« – »Die Natur ruft, ich muss auf die Toilette.« Wenn Ihr internationaler Gesprächspartner das als Grund angibt, um einem Gespräch zu entkommen, dann hat er schon mehrere Abgänge erfolglos probiert.

Einmal im Jahr besuche ich ein Seminar, das den Umgang mit Deutschen oder Europäern zum Thema hat, jedes Mal in einem anderen Land. Der beste Kurs, den ich je besuchte, fand in Indien statt: *How to do business with Europeans*. Als einzige Europäerin war ich während des gesamten Seminars versucht, darauf hinzuweisen, wie bunt und unterschiedlich Europa doch sei, wie sehr sich etwa ein Finne von einem Portugiesen unterscheide. Um möglichst höflich zu bleiben, gab ich durch die Blume kund, dass es auf unserem Kontinent doch gewisse kulturelle Differenzen gebe. Die schmunzelnden Reaktionen meiner Kommilitonen und der Referenten waren eine wahre Offenbarung für mich: »Ja, Susanne, Europa ist so bunt wie unser Subkontinent. Nur wissen wir, dass man in Frankreich Französisch spricht – aber wisst ihr, welche von unseren unzähligen Sprachen wo gesprochen wird? Wisst ihr überhaupt, wie viele Sprachen in Indien gesprochen werden? Ich habe eher den Eindruck, dass Indien in Europa nur bedingt wahrgenommen wird.« Ich war augenblicklich still, die Kursleiterin hatte da einen wunden Punkt getroffen.

Dabei fand ich wirklich toll, was sie machte. So brachte sie den indischen Männern bei, wenn sie es in Europa mit einer Französin zu tun bekämen, müssten sie der Frau erst einmal Komplimente machen. Ich wurde natürlich beim Rollenspiel ausgewählt, die Französin zu mimen, es war eine wirklich erhellende Übung – denn obschon es nur eine solche war, zeigten die vielen schönen Worte, die ich hörte, ihre Wirkung. Es entwickelte sich echte Herzlichkeit zwischen den Herren und mir, und uns allen wurde klar, warum die Kultur der Plaisanterie ein solcher Erfolg und nie aufgegeben worden war – auch ganz ohne die Erkenntnisse der Hirnforschung.

Im nächsten Schritt aber musste ich die Inder mit einer Erkenntnis konfrontieren. Ich erklärte den männlichen Kursteilnehmern, eine deutsche Frau würde sich im Gegensatz zu einer Französin eher wundern, wenn ein Mann sie mit so vielen charmanten Äußerungen überzöge. Zu viele Komplimente würden uns doch eher verlegen machen. Wer von uns kennt diese Art von Wortwechsel nicht? »Was für ein schönes Tuch.«

»Ach ehrlich? Ist schon ganz alt.« Deshalb riet ich meinen Mitstreitern: »Seid bitte eher sparsam mit Komplimenten in Deutschland.«

Irritiert sahen mich »meine« Charmeure an. Dann fragten sie einer leichten Panik nahe: »Aber, Susanne, woher wissen wir denn, ob wir eine Deutsche oder eine Französin vor uns haben? Gerade in einer beruflichen Situation, wenn alle Englisch sprechen, kann man das nicht heraushören. Irgendwie müssen wir doch herausfinden können, wann wir Komplimente machen dürfen und wann nicht!«

Helfen wir doch ganz einfach unseren internationalen Gästen und freuen wir uns über deren Anerkennung. Komplimente kommunizieren: Ich sehe dich, ich sehe das Schöne in dir, ich erkenne es an. Es hat nichts mit einem Anbiedern zu tun. Es ist eine Sache der Empathie, die für unser emotionales Gehirn geradezu überlebensnotwendig ist.« Wir sollten uns merken: Komplimente sind keine Floskeln, sondern sie sind der wahre Schliff, den unsere Tanzschritte noch benötigen.

Floskeln kommen bei uns Deutschen allerdings gar nicht gut an. Ein Beispiel: Sie rufen bei mir im Büro an, und eine Mitarbeiterin gibt Ihnen zu verstehen: »Ich bedaure sehr, aber ich befürchte, Frau Kilian ist nicht da.« Im selben Moment hegen Sie den Verdacht: Die Frau lügt. Schon ihre ersten Worte – »Ich bedaure sehr« – stimmen misstrauisch, es klingt, als sei es ihr völlig egal, ob Frau Kilian im Büro ist oder nicht. Und dann noch die anschließende Bemerkung: »Ich befürchte, Frau Kilian ist nicht da«, das ist doch bestimmt ein Indiz dafür, dass die Dame sich verleugnen lässt.

Wir alle checken bei Äußerungen wie der meiner Mitarbeiterin, ob sie ehrlich gemeint sind, ob die Gründe für uns nachvollziehbar sind. Entscheiden wir, dass dem nicht so ist, weil das Gesagte auf uns wie eine unehrliche Floskel wirkt, sind wir schnell versucht zu sagen: »Nee, bei der rufe ich nicht mehr an.« Das emotionale Gehirn hat die Führung übernommen, interpretiert, die Frau Kilian sitzt da im Nebenzimmer und lackiert sich die Fingernägel und hat einfach keine Lust, mit mir zu reden. Als Anrufer könnte man richtig sauer werden.

Im Englischen ist es ganz anders. Sagt eine Mitarbeiterin am Telefon: »*I'm terribly sorry. I'm afraid, Mrs. Kilian isn't in*«, kommt es keineswegs zu einer vergleichbaren Reaktion im emotionalen Gehirn. Der Grund: Ein und derselbe Satz wird im Englischen als klare Aussage und eindeutige Information verstanden, löst deshalb keinerlei Misstrauen aus. Die Aussage ist nichts anderes als eine höfliche Formulierung. Was im Deutschen schnell übertrieben und einschmeichelnd wirkt, ist international der Schlüssel für eine gute Gesprächsatmosphäre, ob am Telefon, bei einer persönlichen Begegnung oder beim Austausch von E-Mails. Nicht von ungefähr hat sich beim E-Mailen Duzen als internationale Etikette etabliert. Das Ziel dabei: *Keep it simple!* Denn hält man es einfach, wird man besser verstanden. Für uns ist Duzen ungewohnt, aber es ist keineswegs respektlos gemeint.

💬 Ohren auf

Warm werden mit Komplimenten ist eine Möglichkeit, uns gegenseitig Zeit zu geben und uns kennenzulernen, eine positive Atmosphäre zu schaffen. Erst dann sollten wir zum Beispiel mit Verhandlungen beginnen. Neben den Komplimenten gibt es noch weitere Asse, mit denen Ihr Englisch gleich um Klassen besser wird. Es sind keine Vokabeln, es sind keine Floskeln, es sind wirklich Asse.

Das erste Ass – You are simply the very best

Nicht gegrantelt ist gelobt genug. Oder anders, neudeutsch gesagt: Lob ist, wenn niemand meckert. Loben gehört nicht zu unseren größten Talenten, auf diesem Gebiet wird hierzulande eher gegeizt. Das hat natürlich einen Grund: Wer allzu schnell ist und sich vor Begeisterung überschlägt, wirkt bedingt reflektiert, wenn nicht gar naiv. Eine gewisse skeptische Distanz gilt – jedenfalls im Berufsleben – als Zeichen professioneller Rationalität.

Kommt uns dann doch einmal ein Lob über die Lippen, achten wir darauf, dass es nicht allzu überschwänglich klingt. Das könnte ja peinlich wirken, viel zu aufgesetzt, viel zu übertrieben. Wörter wie »fantastisch«, »wunderbar«, »toll«, »grandios« oder »hervorragend« lösen eher Misstrauen aus, weshalb wir sie nicht verwenden. Ja, wir kommen aus dem Land der Dichter und Denker. Ameisenfleißige Forscher haben sogar gezählt, dass Goethes Gesamtwortschatz bis zu 80 000 Wörter umfasste, und zwar niedrig gerechnet. Die lobenden Adjektive meiden wir jedoch. Lieber beschränken wir uns auf Worte, mit denen wir uns auf vertrautem Terrain bewegen: »War schon ganz in Ordnung«, »Ja, damit kann man etwas anfangen«, »Scheint zu stimmen«.

Wir sind gerade noch bereit, die Kinder zu loben, wenn sie ein hübsches Bild gemalt oder eine Hausaufgabe besonders gut gemacht haben, aber selbst dieses Lob wirkt etwas verhalten. Eltern sind erleichtert, wenn ihnen die Jugendsprache zu Hilfe kommt und sie sich mit Ausdrücken wie »super« oder »cool« aus der Affäre ziehen können. Natürlich gibt es Ausnahmen. Einige Mütter und Väter loben ihre Kleinen vorbehaltlos.

Sind wir nicht in der Position des Lobenden, sondern in der des Lobempfängers, reicht es uns, wenn wir ein »Gut gemacht!« hören. »Gut gemacht!« ist eine Anerkennung, die wir akzeptieren und nicht hinterfragen müssen. Da geht auch nicht die innere Warnblinkanlage »Vorsicht!« an, weil wir dahinter keine Cheftaktik vermuten wie etwa die Aufforderung, den geplanten Urlaub zu verschieben, Überstunden zu machen oder noch ein weiteres Projekt zu übernehmen. Von nix kommt nix. Oder soll ich gar weggelobt werden? Geht es hier etwa um Machtspielchen?

Wir Deutschen gehen also sparsam mit Lob um, was uns nicht unbedingt zum Vorteil gereicht. Denn Menschen, die nicht genügend Anerkennung bekommen, werden, wie der Medizinsoziologe Johannes Siegrist weiß, irgendwann krank. Sie fühlen sich unsichtbar, obwohl sie sich bei ihren Leistungen so große Mühe gegeben haben. Wenn das auf Dauer nicht registriert wird, kann es passieren, dass der Betroffene unzufrieden wird, antriebslos.

Verantwortlich dafür ist ein Ort im Gehirn, direkt in der Mitte, in den archaisch-emotionalen Teilen. Die hier ansässigen Nervenzellen schütten bei einem großen Lob den Botenstoff Dopamin aus, Glücksgefühle durchströmen uns, wir fühlen uns unglaublich toll, Zufriedenheit macht sich breit. Wir sind motiviert, sind willens und tatkräftig genug, selbst schwierige Ziele anzugehen. Es ist also kein Wunder, dass Menschen anderer Kulturkreise viel eher »begriffen« haben, dass es wenig bedarf – eines freundlichen Blicks, eines freundlichen Worts –, um dieses wohlige Gefühl zu erleben. Denn mit dem Dopamin werden zugleich die körpereigenen Opiate mobilisiert, weiterhin die Liebes- und Bindungshormone Oxytocin und Vasopressin; auch sie werden in derselben Region des Mittelhirns wie das Dopamin produziert.

Neurobiologen haben bewiesen: Je häufiger wir diesem Cocktail aus Dopamin, Opiaten und Glückshormonen ausgesetzt sind, umso zugewandter und liebesfähiger werden wir. Schon ein Baby will gesehen und gespiegelt werden, möchte Anerkennung in Form von Streicheleinheiten, will unmittelbaren Körperkontakt. Alles, was im Umfeld des Säuglings passiert, ist bezogen auf diese kleine Person und wird zementiert durch diese grandiose chemische Mixtur, die in rauen Mengen durch den Nucleus accumbens fließt. Erlebte Beziehungen sind also das, was uns und unsere Kultur wachsen ließ.

Deshalb spreche ich immer wieder von Synchronisation oder Spiegelung, da diese beiden Vorgänge so entscheidend sind. In unserem Gehirn wurden vor nicht allzu vielen Jahren sogenannte Spiegelzellen isoliert, erstmals entdeckte man sie in Affenhirnen. Spiegelzellen sind hoch spezialisierte Zellen, sie werden aktiv, wenn wir etwas beobachten. Das kann auch die Beobachtung der eigenen Person sein, aber hauptsächlich geht es dabei um die Wahrnehmung anderer. Kurz gesagt: Allein durch das Zuschauen versetze ich mich unweigerlich in den anderen hinein. Das wiederum führt zu einer unmittelbaren Reaktion bei mir selbst. Lächelt und lobt mich ein anderer, werden nicht nur in ihm angenehme Empfindungen ausgelöst, sondern auch in mir selbst. Genau in diesem Moment spiegeln wir uns, »senden« wir auf derselben Frequenz wie der andere.

Gibt es kein Lob, kein freundliches Lächeln oder wird damit äußerst sparsam umgegangen, verkümmert diese Variante der Synchronisation, der Spiegelung. Wir berauben uns damit einer wichtigen Gefühlsfacette, die uns mit anderen Menschen verbinden kann, die uns liebesfähiger, kommunikativer, sozialer macht.

Sie sind auf der Tanzfläche einer Diskothek. Zwischen allen, die sich mehr oder weniger rhythmisch zur Musik bewegen, entdecken Sie jemanden, den Sie sympathisch finden. Sie tanzen sich an ihn ran. Was, meinen Sie, passiert, wenn Sie ihn nun mit diesen Worten ansprechen: »Also, bis ich hier in diese Disse gekommen bin, der Stau, die vielen Autos, dann keinen Parkplatz gefunden ...« Der Arme kann bei dieser negativen Eröffnung nur Reißaus nehmen. »Hey, cooles Hemd, steht dir wirklich gut. Und findest du die Musik hier nicht auch klasse?«, ist der Auftakt zu einem gelungenen Abend. Trauen wir uns. Wagen wir es, Mitmenschen Komplimente zu machen. Wir verbiegen uns nicht, wenn wir ein Hemd oder ein T-Shirt loben.

Dazu eine weitere Geschichte: Nach einem meiner Vorträge berichtete Anne, eine Zuhörerin, über ihre erste Anstellung bei einem amerikanischen Großkonzern im Mittleren Westen der USA. Anfangs hatte sie sich in dem Unternehmen sehr einsam gefühlt. Umso dankbarer war sie, als sie bald »Dauergast« im Haus ihres Kollegen Jack und seiner herzlichen Familie wurde. Mit viel Enthusiasmus zeigten sie Anne ihre Heimat, und auch bei allen Feiertagen gehörte die junge Deutsche dazu. Die Kinder der Familie hatten sie zur »coolen« großen Schwester erklärt.

Als Thanksgiving nahte, jener Feiertag im November, der noch aus den Zeiten der Pilgerväter stammt und eine Art Erntedankfest darstellt, berichtete Jack, mit wie viel Hingabe seine Frau Margie seit Tagen das große Dinner vorbereite. Selbstverständlich durfte Anne an diesem dabei ebenfalls nicht fehlen.

Und tatsächlich, Margie bot zu diesem wichtigsten amerikanischen Familienfest alles auf, was bei diesem Anlass dazugehörte. Beeindruckt genoss Anne die aufwendige Tischdekoration, das liebevoll-feierliche Ambiente und den ersten Truthahn ihres Lebens. »*Well honey, have you ever tasted anything better?*«, fragte Jack sie nach dem Ende der Mahlzeit. Etwas Besseres hast du bestimmt noch nicht in deinem Leben genossen, oder?

»*No, this is really, really good*«, lobte die junge Deutsche und beobachtete erstaunt, wie die Gesichtszüge sämtlicher Familienmitglieder, selbst der jüngsten, vollkommen entgleisten. Wenige Schrecksekunden später überschlug sich der Rest der Tischgesellschaft mit Komplimenten an die Köchin: »*Marvellous, fantastic-best turkey ever*« wurde in die Runde geworfen, nie zuvor hätte man einen solch fantastischen, solch grandiosen Truthahn gegessen, der beste von allen.

Ratlos fragte sich Anne, warum Amerikaner derart übertreiben, wenn es ums Loben geht. Sie kannte und konnte das nicht, das war ihr so fremd. Sie war eben keine, die sich mit solchen Hymnen an andere heranmachen oder lieb Kind sein wollte. Dann fiel ihr Blick auf Margie. Diese sonst so strahlende Frau wirkte wie geohrfeigt und kämpfte mit den Tränen.

Während Anne immer noch nicht ganz verstand, was eigentlich gerade vor sich ging, warum alle so betreten wirkten, wurde ihr mit einem Stich in der Magengrube bewusst: Trotz seiner überaus kollegialen Art war Jack ihr Vorgesetzter. Und sie hätte das mit einem Lobgesang auf den Truthahn zum Ausdruck bringen müssen.

Damit Lob jenseits unseres Sprachraums auch als solches ankommt, greifen Sie so richtig tief in die Kiste der Superlative. Werden Sie zum Schaumschläger. Vermeiden Sie die bei uns so beliebten Redewendungen wie *Well done* oder *Good job*. Unabhängig davon, wie ehrlich Ihr *Good job* gemeint ist – in den Ohren anderer Kulturen wie zum Beispiel in den USA oder im arabischen Raum versteht man das eher als ein »Ganz okay« oder im Sinne von »Du hast dich bemüht«. Dabei kam Ihr Lob aus ganzem Herzen. Sie wollten Ihrem Gegenüber Respekt zollen, doch unter Umständen haben Sie es enttäuscht oder verstimmt. Denn der andere ist Überschwang gewohnt: *Marvellous, outstanding, fantastic* oder *great* gehören zu seiner Klaviatur. Was für uns als »über Gebühr« oder über den sprichwörtlichen grünen Klee gelobt klingt, ist in den meisten anderen Sprachkulturen vollkommen angemessen.

Sie zucken zusammen? Das kann schon sein, aber das hilft jetzt nichts, Sie müssen über Ihren Schatten springen. Es hat, wie gesagt, nichts mit Lobhudelei, schon gar nichts mit Anbiedern zu tun. Denken Sie daran: Wenn Sie enthusiastische Worte wählen, ein kulturell passendes Lob aussprechen – auch wenn es in Ihren Ohren ein wenig übertrieben klingen mag –, kommt das bei Ihrem Gegenüber tatsächlich als Lob an. So pflegen wir erfolgreich die Beziehung, schaffen Vertrauen und motivieren. Wer lobt, erfährt mehr Zuneigung. Und wer kann darauf schon verzichten? Legen Sie sich ein paar neue Vokabeln zu:

- *awesome*
- *wonderful*
- *great*
- *outstanding*
- *highly supportive*
- *utmost appreciated*
- *fantastic*
- *marvellous*

Vielleicht waren Sie bis dato der Überzeugung, bei übermäßigem Lob nicht authentisch zu sein, und haben deshalb solche Lobesworte vermieden. Damit ein *great* tatsächlich nicht bemüht, platt, manipulierend oder überdosiert klingt und seine volle Wirkung entfalten kann, ist es sinnvoll, ein kleines Training zu absolvieren. Dazu müssen Sie nicht einmal Englisch reden, sondern können bei Ihrer Muttersprache bleiben. Sprechen Sie zuerst diesen einen Satz laut aus, am besten vor einem Spiegel:

- *Das klingt nicht uninteressant.*

Dann diesen:

- *Das klingt vielversprechend.*

Damit haben Sie den ersten Schritt getan. Merken Sie, wie sich Ihre Gefühle beim Aussprechen des zweiten Satzes ändern? Wie anders der zweite Satz swingt? Wie viel besser Sie sich fühlen? Sogar Ihre Körperhaltung wird anders. Dynamischer, als wollten Sie den anderen mitreißen. Oder sich selbst. Anders, als gerne behauptet wird, stinkt Eigenlob nicht. Dadurch können Sie sich wunderbar motivieren. Diese Spiegelung funktioniert bei Ihnen wie bei anderen. Das konnte ich feststellen, als ich Männer für ihren guten Geschmack für die Wahl ihrer Krawatte lobte, was sie mit leuchtenden Augen quittierten.

Bitte schränken Sie das Lob nicht ein. *It's great, but ...* Ein einziges *but* kann die Stimmung trüben. Gönnen Sie den anderen und sich die gegenseitige Freude am Lob. Hängen Sie an Ihr Lob keine Kritik. Auch wenn es uns nicht bewusst ist, neigen wir dazu, die Anerkennung gleich wieder zu relativieren: »Sie haben da ziemlich gute Arbeit geleistet, aber das nächste Mal könnten Sie darauf achten, dass ...«

Loben Sie stattdessen ungeniert, zeigen Sie Ihre euphorische Seite. Und finden Sie heraus, welche persönlichen Errungenschaften oder Leistungen Ihrem Gegenüber wichtig sind. Wenn Sie von einem Gastgeber stolz durch sein Haus geführt werden, machen ihn Ihre anerkennenden Worte besonders glücklich.

Auf die eigene Leistung sind wir Deutschen ebenfalls stolz und können somit umso authentischer loben.

Da wir beim Loben sind: Loben Sie sich auch selbst, und zwar ganz ohne falsche Bescheidenheit. Von Amerikanern können wir in puncto Eigenlob viel lernen. Auf diesen Seelenbalsam sollten wir keineswegs verzichten.

Darüber hinaus ist Loben bestens geeignet, um Gemeinsamkeiten mit anderen zu entdecken. Was verbindet uns? Finde ich eine Halskette *gorgeous* oder eine Krawatte *lovely*, wird es wohl so sein, dass der andere sich etwas dabei gedacht hat, warum er zu dem Anlass genau diese Kette oder jene Krawatte wählte. Dahinter können bestimmte modische Interessen stehen oder aber der Wunsch, sich durch dieses Accessoire von dem üblichen Businesslook zu unterscheiden. Oder wir erfahren, dass die Trägerin der bezaubernden Halskette dieses Geschmeide von einem Menschen geschenkt bekommen hat, der auf ihrem Lebensweg sehr wichtig gewesen ist. Sie können dann mit einer ähnlichen Begebenheit aufwarten, und schon sind Sie nicht auf der Wetterebene, sondern beschäftigen sich mit dem Dasein schlechthin.

Sie können auch indirekt loben und so Gemeinsamkeiten finden. Sie sehen, wie jemand voller Vorfreude zu einem Schokoladenkeks greift. Sie selbst lieben Schokolade, nutzen Sie also die Gelegenheit und bekennen lächelnd: »Ich bin ein Chocoholic« – was für mich tatsächlich zutrifft –, »ich würde meilenweit für eine gute Schokolade gehen.« Mit großer Wahrscheinlichkeit ist Ihr Gesprächspartner Kakaoprodukten gegenüber ähnlich aufgeschlossen wie Sie. Schon entwickelt sich auf einer Konferenz, wo man in den Pausen häufig allein herumsteht, eine Unterhaltung, die ausgesprochen anregend sein kann. Bei solchen Gesprächen habe ich schon viel über meine Leidenschaft Schokolade lernen dürfen. Ein Gesprächspartner erwähnte, wie erstaunlich und faszinierend es doch sei, dass Schokolade in vielen Ländern ganz anders schmecke, besonders die in Mexiko sei sehr ungewöhnlich ... Außerdem teilen Sie vielleicht nicht nur die Passion für Schokolade, sondern es kommen noch andere gemeinsame Leidenschaften ans Licht: die für indisches Essen oder kalifornische Weine, am Ende sogar für Krimis, in denen es ums Essen geht.

Je mehr Gleiches wir finden, für das wir eine Vorliebe haben, desto mehr »Liebeshormone« schüttet unser Gehirn aus. Wir fühlen uns bestätigt und verstanden – eine synchrone Beziehung ist hergestellt. Wir können sicher sein, dass wir dieses Gespräch auf die eine oder andere Weise fortsetzen werden und die lebhafte Unterhaltung auch auf die anderen Konferenzteilnehmer abfärben wird.

Ohren auf – ein kleiner Test
Was würden Sie sagen?
Mit diesem kleinen Test können Sie Ihr Businessenglish auf die Probe stellen:

- *Stimmt es, dass ich mit* Well done *oder* Good job *Lob und Anerkennung ausdrücke?*
- *Gibt mir mit der Formulierung* I am not sure *mein internationales Gegenüber zu verstehen, dass er/sie sich noch nicht sicher ist?*

- *Ein Kollege sagt zu Ihnen:* »You're invited to the new restaurant tonight.« *Wer zahlt? Der Kollege oder Sie?*

Auflösung:

- *Aus meiner Erfahrung kann ich nur sagen: Ihr internationaler Partner wird bei Well done oder Good job nicht gerade vor Begeisterung die Bäume umarmen. Sie könnten schon ein bisschen dicker auftragen.*
- *Hören Sie I am not sure, brauchen Sie sich im Gespräch mit Asiaten gar nicht weiter den Kopf darüber zu zermartern, was das bedeuten könnte. Es ist ein definitives Nein. Ohne Wenn und Aber.*
- *Das englische invited bedeutet:* »Seien Sie mit dabei«*, aber nicht, dass der Kollege auch bezahlt. Eingeladen im deutschen Sinne des Wortes wird mit It's my turn oder Please, be my guest.*

Das zweite Ass – I'm sorry!

Claas hatte sein Abitur geschafft, endlich! Nun wollte er nichts wie weg, nach London fliegen und sich am Flughafen ein Auto mieten. Es sollte weiter nach Wales gehen. In einer kleinen Ortschaft an der Küste wollte er seinen englischen Kumpel Mark treffen. Die beiden hatten sich vorgenommen, den Sommer über in dem Pub von Marks Onkel auszuhelfen. In den Ohren von Claas klang ein Satz von Mark besonders nach, denn bei jedem Telefonat hatte sein englischer Freund geschwärmt: »Die walisischen Mädchen sind die schönsten.« Claas konnte es kaum noch erwarten, ihnen zu begegnen.

Fahrpraxis hatte er mit seinen neunzehn Jahren nicht gerade viel, aber alle Bedenken wischte er beiseite, und das wohlmeinende Argument seiner Eltern und anderer, selbst geübte Autofahrer hätten Probleme mit dem Linksverkehr, ließ er nicht gelten. Als er schließlich in seinem Mietauto saß, konnte er den Bedenkenträgern in seiner Heimatstadt Berlin nur recht geben, an den Linksverkehr musste man sich erst gewöhnen. Die Spur, auf der man nach rechts abbiegen konnte, hatte so ihre Tücken. Ging es geradeaus, genoss Claas die Fahrt vorbei an imposanten Parks mit sattgrünen Wiesen, vorbei an kleinen hübschen Städtchen und an windgepeitschten Heidekrautlandschaften. Der junge Mann war auf der Reise zum besten Sommer seines Lebens.

Hey, was fuhr da vor ihm? Ein alter Morris Garage? Claas traute seinen Augen nicht. Dieses Schmuckstück musste aus den frühen Sechzigern stammen und hatte sicher noch ein Holzlenkrad. Solche Roadster kannte Claas nur aus dem Fernsehen. Das musste er sich näher anschauen. Er setzte zum Überholen an, kam dabei aber zu weit nach links und touchierte den prachtvollen MG.

Die Knie des Wagemutigen schlotterten derart, dass er kaum zu bremsen vermochte. In Schockstarre verharrten seine Augen ungläubig auf dem Schaden: Er hatte die gesamte rechte Seite des Oldtimers aufgeschrammt.

Endlich gelang es ihm, am Straßenrand anzuhalten, hinter ihm der MG. Claas beobachtete, wie die Insassen des Roadsters, ein älteres Ehepaar, ausstiegen. Sie warfen einen kurzen Blick auf den Schaden, dann liefen sie auf den Unfallverursacher und sein Auto zu. Selbst die Tatsache, dass die beiden auf den ersten Blick unverletzt schienen, beruhigte diesen nicht. Mein Gott, was hast du da angestellt?! dachte er. Lass das alles bitte nicht wahr sein. Was kannst du jetzt bloß tun? Er sehnte sich danach, vom Erdboden verschluckt zu werden.

Was pochte lauter? Sein Puls, sein Herz oder das Klopfen der Engländer an seiner Fensterscheibe? Da ihm seine Knie noch immer nicht gehorchten, konnte Claas nicht aus seinem Auto steigen, stattdessen kurbelte er das Fenster hinunter.

Ungläubig vernahm er eine besorgte Frauenstimme und deren Worte: »*Oh my dear, we are so terribly sorry. Are you okay? Oh, look at you, how pale you are? What can we do for you? We are so sorry.*«

Wie bitte? Die beiden sorgten sich um ihn und fragten ihn, ob sie etwas für ihn tun könnten, dabei hatte er ihren Traum auf Rädern ruiniert. Unbestreitbar war es seine, einzig und allein seine Schuld. Und doch beteuerten die Geschädigten größtes Mitgefühl für ihn zu haben. Claas war nachhaltig beeindruckt.

Menschen anderer Kulturen entschuldigen sich leichthin, fast grundlos, scheint es. Über das Wetter, die Fans in ihren Fußballstadien, über die kleinste Abänderung eines Projektverlaufs. Und sie entschuldigen sich andauernd. »*Excuse me*« heißt es da. Selbst wenn sie es nicht waren, die einem anderen auf den Fuß traten, sondern dieser ihnen. Für deutsche Ohren klingt es befremdlich, wenn jemand sich gleichsam ohne Motiv entschuldigt oder sogar etwas auf sich nimmt, wenn er »*Sorry!*« sagt, obwohl er das Missgeschick gar nicht verursacht hat.

Eine Entschuldigung ist für uns eng mit der Frage nach der Schuld verbunden, kein Wunder, denn in dem Wort »Entschuldigung« ist der Begriff »Schuld« enthalten. Eine Schuld nimmt niemand gern auf sich, erst recht nicht, wenn sie schwer wiegt im Sinne von: »Ich trage nun dieses Büßergewand bis nach Canossa, zentnerschwer und gedemütigt. Entschuldigung! Ich muss mich wirklich entschuldigen.« Zudem ist bei uns eine Entschuldigung eng mit der Anerkennung dieser Schuld verbunden, es hat sich somit nur der zu entschuldigen, der tatsächlich den Fehler gemacht hat. Also derjenige, der bei einer Verabredung zu spät kommt, der das Mittagessen mit einem Geschäftspartner vergisst oder das Heraussuchen einer bestimmten Akte. Weltweit sehen das Menschen nicht so eng. Gerne sind sie bereit, den anderen nicht als Schuldigen hinzustellen und großzügig über die Klärung der Schuldfrage hinwegzusehen. Denn beides gilt als Gesichtsverlust. Wer diese Kunst der Entschuldigung beherrscht, hat das zweite Ass im Ärmel bei internationaler Kommunikation. Nutzen Sie dieses unschlagbar gute Werkzeug. Es wird Sie weit bringen:

- Sorry – *diese Karte kann gar nicht oft genug ausgespielt werden, auch wenn der häufige Gebrauch für unser deutsches Sprachgefühl inflationär erscheint.*

Entschuldigungen sind weiterhin ein perfektes Mittel zur Deeskalation, damit lassen sich selbst die höchsten Wogen glätten. Wer sie einsetzt, gibt einem anderen das Signal: »Mir ist an einer guten Beziehung mit dir gelegen, ich möchte mich mit dir versöhnen, möchte wieder ein harmonisches Miteinander.«

Folgende Situation kennen wir alle: Sie wollen Ihre Kollegin/Kundin Mary in Edinburgh über die Änderung eines Reiseablaufs telefonisch informieren. Offensichtlich kann Mary Sie nicht verstehen, denn Sie hören: »*It is so great to hear from you but I am so terribly sorry I am afraid I can't understand you.*« Da Ihre Mitteilung so wichtig ist und Sie helfen wollen, die Fakten zu übermitteln, versuchen Sie es noch einmal. Beobachten Sie sich doch in einer solchen Situation das nächste Mal selbst, es ist ein menschlicher Zug, dabei langsamer und lauter zu werden.

Wie allerdings kommt dieses »langsamer« und »lauter« an? Im Vorfeld hatte Mary Sie nicht verstanden und war dabei nervös geworden. Wenn Sie jetzt laut und langsam werden, interpretiert Ihre Gesprächspartnerin das als »Die denkt, ich bin doof«. Das Gehirn der Schottin bereitet sich auf einen potenziellen Angriff vor.

Spätestens ab diesem Punkt kann Mary Sie rein biochemisch nicht mehr verstehen. Die so wichtigen Informationen, die Sie übermitteln wollen, können nicht verarbeitet werden. Sie haben jetzt die Möglichkeit, das Entschuldigungs-Ass auszuspielen. Damit sind Sie auf der sicheren Seite. Unabhängig davon, wie gut Ihr Englisch ist, können Sie auf ein »*I am so terribly sorry, I am afraid I can't understand you*« mit »*Oh Mary, I beg your pardon, my English isn't the best*« antworten. Dies wiederum wird Mary umgehend mit: »*Oh no, Uta, your English is absolutely fine. I wish my German was as good as your English*«, beantworten. Dieser verbale Tanz sichert beiden Gesprächsteilnehmern wohlwollende Verbundenheit. Niemand ist am Nichtverstehen schuld. Das Gehirn ist damit perfekt auf die Informationsverarbeitung vorbereitet. Darin liegt die enorme Macht der Entschuldigung.

Mein Tipp, wann immer Telefonate anstrengend und Sie dabei mit Situationen, Vorschlägen, Preisen konfrontiert werden, die Sie verärgern oder sprachlos machen, ist ein »*I am so sorry, I am afraid our line isn't the best*« eine ganz wunderbare Exit-Strategie, bevor Sie sich zu Äußerungen hinreißen lassen, die Sie später bereuen. Beenden Sie lieber das Telefonat mit dem Verweis auf die unzureichende Technik, atmen Sie durch und besprechen Sie mit Ihren Kollegen eine neue Strategie, die Sie dann unter Umständen schriftlich vorformulieren. Bitte erst dann anrufen, wenn Sie sich beruhigt haben, wenn sich im wahrsten Sinne des Wortes der Rauch gelegt hat und Ihr Gehirn wieder hundertprozentig funktionstüchtig ist.

Ein weiteres aussagekräftiges Beispiel: Kommt jemand in Deutschland zu spät, blicken wir automatisch auf die Uhr. Dahinter verbirgt sich kein provokatives Verhalten, keine böse Absicht, wir möchten einfach nur wissen, um wie viele Minuten sich der andere verspätet hat. Ein ehemaliger US-Botschafter in Berlin, der ausgesprochen beliebt war und den auch ich einfach großartig fand, bezeichnete diesen Impuls, immer auf die Uhr zu schauen, verschmitzt als *The German Welcome!* International stilsicher sind wir, wenn wir dem Verspäteten über das Gefühl von Peinlichkeit hinweghelfen. Kosmopolitische Etikette ist es zum Beispiel, einen unpünktlichen Gast mit folgenden Worten zu empfangen:

- *Oh, es tut mir leid, offensichtlich war es schwierig für Sie, herzufinden. Wie schön, dass Sie jetzt hier sind.*

Dieser Tipp irritiert meine Seminarteilnehmer. Nicht selten höre ich: »Ich entschuldige mich doch nicht dafür, dass der andere zu spät kommt. Er hat das Problem verursacht, nicht ich.« Hier geht es allerdings nicht um die Klärung der Schuldfrage, sondern um unser ureigenes Interesse, Verspätete so schnell wie möglich in die Gruppe, in die Verhandlung oder die Abendeinladung zu integrieren, damit sich alle alsbald wohlfühlen können. Letzteres meistern wir am besten mit Empathie.

- *So sorry it was not easy for you to get here. Thanks for making it nonetheless«.*

Ein freundlicher Empfang vermittelt dem anderen das Gefühl, willkommen zu sein und in seiner unangenehmen Lage verstanden zu werden.

Eine Beziehung wird entlastet, wenn man den anderen nicht als jemanden darstellt, der die Uhr außer Acht lässt, verschläft oder der es nicht schafft, rechtzeitig eine Arbeit zu beenden, um sich auf den Weg zu machen. Es ist eine Entschuldigung, die stillschweigend voraussetzt, dass der Gast in den letzten Stunden viel um die Ohren hatte:

- *Oh I am so sorry, obviously you had a hard time getting here. Well, you have made it. Great to have you here.*

Gerade im Beisein anderer, vor versammelter Mannschaft, sorgen Sie besser dafür, dass der Zuspätkommende nicht bloßgestellt wird. Ist Ihnen klar, dass derjenige gern als Letzter erscheint und deswegen alle anderen darunter leiden müssen, können Sie später, in einem Vieraugengespräch, immer noch humorvoll sagen: »Mein lieber Freund, wenn du uns das nächste Mal wieder hängen lässt, haben wir beide ein echtes Problem.«

Also noch einmal zum Einüben: »Oh, es ist schön, dass Sie jetzt da sind.« Nicht der Hauch einer Schuldfragenklärung wird bei dieser Formulierung spürbar.

Eine Entschuldigung ist dennoch immer auch ein Zeichen dafür, dass wir bereit sind, für Fehler geradezustehen. Sie ist angebracht, es geht ja darum, ein gestörtes Verhältnis wieder in Ordnung zu bringen, denn zweifellos hat man jemanden gekränkt. Aber was ist mit dem häufigen Gebrauch des Wortes *sorry*, das keinen tieferen Sinn hat und nur Ausdruck eines freundlichen, höflichen, rücksichtsvollen Umgangs miteinander ist?

Sie betreten ein Zimmer und sehen zwei Menschen in eine Unterhaltung vertieft. Sie können jetzt lautlos verschwinden oder sagen: »Oh, es tut mir sehr leid, dass ich hier so einfach hereingeplatzt bin.« Oder wenn Sie nicht wissen, wo sich in dem Gebäude der Raum befindet, in dem das Meeting abgehalten wird, könnten Sie so fragen: »Entschuldigung, können Sie mir sagen, wie ich herausfinden kann, in welchem Stockwerk sich die Marketinggruppe trifft?« Sie können das »Entschuldigung« natürlich weglassen, aber internationale Ohren nehmen ein *sorry* oder *excuse me* wohlwollend zur Kenntnis, augenblicklich wird Ihr Kommunikationsverhalten als angenehm registriert, Sie wirken auf Anhieb souverän und sympathisch. Gute Schwingungen werden die Zusammenarbeit positiv bestimmen. Wir vergeben uns nichts, wenn wir ein Wort mehr über unsere Lippen bringen, oder? Es untergräbt auch unsere Persönlichkeit nicht. Sie beweisen damit vielmehr, dass Sie kompetent sind – und nur mit solchen Menschen möchten wir es zu tun haben.

Und ähnlich wie bei dem Ass Nummer eins gilt auch bei der Apology-Strategie: Bitte relativieren Sie Ihre Entschuldigung nicht. Wenn Sie sich entschuldigen, weil etwas schiefgelaufen ist, stehen Sie dazu! Verfallen Sie nicht auf die Idee, ein Aber hinter Ihr *sorry* zu setzen. »Entschuldigung, dass ich erst jetzt aufkreuze, aber mein Sohn Paul bekam heute Morgen nichts auf die Reihe ...« Oder: »Ich bitte vielmals um Entschuldigung, dass ich heute so unpünktlich bin, aber du warst bei unseren letzten Treffen auch nicht pünktlich.« Einen Grund führen wir Deutschen immer an, das werden wir nicht aus uns herausbekommen. Zumindest jedoch sollten wir uns das Aber abgewöhnen.

Ebenso sollte man bei den von uns Deutschen so geliebten Ausreden auf dieses kleine Wort verzichten: »Entschuldigung, dass es mir dieses Mal nicht so gut gelungen ist, aber hätte ich besser gewusst, wie man das angeht ... Beim besten Willen, ich kann wirklich nichts dafür.«

Pflegen wir die Tugend, die wir so schätzen. Sagen Sie lieber die Wahrheit, die anderen merken sowieso, was Sache ist: »Ich entschuldige mich für meine Vergesslichkeit, mir wächst gerade alles ein wenig über den Kopf.« Oder: »Es tut mir leid, da hätte ich eher nachfragen sollen.«

Zum Abschluss noch eine absurde Situation, in der ich zwar das Wort »Entschuldigung« wählte, es aber kein besseres

Verstehen oder Verstandenwerden förderte, sondern eher zu einem Erlebnis der dritten Art führte. Und das in meiner eigenen Heimat. Ich befand mich auf der Rückreise vom Johner Institut in Konstanz. In der traumhaft gelegenen Villa Rheinburg mit Blick auf den Bodensee finden Seminare und Beratungen zur IT im Gesundheitswesen statt. Ich hatte dort mein »Fettnäpfchen-Vermeidungsprogramm« unterrichtet, darunter natürlich auch das Entschuldigungs-Ass. Es war ein wunderbarer Tag gewesen, und ich wurde zum Abschied mit Schweizer Schokolade von allerbester Qualität überschüttet (woher wussten meine Seminarteilnehmer von meiner Leidenschaft?). Nun war ich auf dem Weg zum Konstanzer Bahnhof mit seinem neugotischen Türmchen, um in den Alltag zurückzukehren.

Es stellte sich heraus, dass ich meinen ICE-Anschluss in Baden-Baden nicht erreichen würde, das entnahm ich der Anzeigetafel. Weshalb bloß?, fragte ich mich. Da mir die Infotafel das nicht verriet, wollte ich der Sache auf den Grund gehen. Ich ging zum Schalterbeamten.

»Entschuldigung«, sagte ich, »warum fällt der Zug nach Baden-Baden erneut aus?« Schon auf der Hinfahrt hatte ich dieses Problem, was auf eine umfassende Störung hinzudeuten schien.

»Wegen den Franzosen«, antwortete der Beamte.

»Den Franzosen?« Erstaunt blickte ich den Mann an, der kurz vor dem Renteneintritt stand.

»Ja, die haben uns die Gleise genommen.«

»Wie bitte? Die Franzosen schleichen über die Grenze und bauen die Gleise des Schwarzwald-Express ab?«

»Die haben damals alles genommen, was sie kriegen konnten.«

»Damals?« Ich konnte kaum fassen, was ich da als Ausrede zu hören bekam.

»Nach dem Krieg ...«

»Aber der Krieg mit den Franzosen war im letzten Jahrtausend. 1945 war der Zweite Weltkrieg zu Ende.«

»Hanoi, desch war net der Zweite Weltkrieg, desch war die Reparation. Deschhalb sind Schtreckeführunge im Schwarzwald teilweise eingleisig.« Seelenruhig erklärte mir der Mann seine Sichtweise.

»Sie lassen heute, 2014, ohne mit der Wimper zu zucken Züge ausfallen, weil nach dem Ersten Weltkrieg Bahngleise nach Frankreich geschafft wurden?«

Der Bahnbeamte zuckte mit den Schultern.

Ich überlegte: Sollte ich vielleicht Frankreichs Präsidenten François Hollande ein Angebot unterbreiten? Ihm, der ebenfalls ein passionierter Schokoladenfan sein soll, könnte ich ja all meine Schokogeschenke überlassen (eigentlich nur noch ein Restbestand), im Austausch würde er dann die Schwarzwald-Bahngleise zurückgeben. Ich entschied mich dagegen, denn seit einer göttlichen Kamelmilchschokolade, die ich vor Jahren erhielt, hatte ich nichts Besseres mehr genossen als die gegenwärtigen Schokokreationen.

Während ich auf den nächsten Zug wartete, stellte ich mir vor, wie solche Aussagen des Bahnbeamten wohl bei unseren Landesnachbarn ankommen würden. Mit Sicherheit klängen sie lange nach.

Danke

Ein internationaler Herzöffner ist das Wort »Danke« – *thank you*. Mag es im emotionalen Gehirn so einige kulturelle Unterschiede geben, beim Dankesagen funktioniert es weltweit überall gleich.

Sie halten eine Präsentation ab und sind nervös. Es ist schon schwierig genug, sich zu konzentrieren, aber nun werden Sie auch noch dauernd von Ihren Zuhörern unterbrochen. Sie sind verärgert, denken eigentlich bloß noch: Der irritiert mich so sehr, dass ich gleich den roten Faden verliere. Leicht unwirsch, Ihrem Sprachgestus ist das zu entnehmen, sagen Sie: »Ja, ich werde später darauf noch eingehen, aber jetzt möchte ich bitte fortfahren.« Keine fünf Minuten sind vergangen, und Sie werden wieder in Ihrem Redefluss gestoppt. Verdammt, kann man mich denn nicht einfach mal ausreden lassen! Und es war nicht der letzte Störenfried, der einen Einwurf, eine Bemerkung machte. Irgendwie geschieht dann das, was für Sie das Albtraumszenario ist. Unweigerlich geraten Sie aus dem Konzept. Dabei geht es hier um einen wichtigen Auftrag, keinesfalls wollen Sie den Deal vermasseln.

Um einer solchen Eventualität entgegenzutreten, sollten Sie die Unterbrechung aus einer anderen Perspektive aus betrachten. In Frankreich zum Beispiel wird es als eine Anerkennung angesehen, wenn jemand mitten im Vortrag Fragen stellt. Es wird so aufgefasst: Ich höre dir zu, ich interagiere mit dir, du bist mir wichtig, ich nehme Anteil an dem, was du sagst. Der Vortragende freut sich über die Reaktionen – und bedankt sich entsprechend:

- Danke, dass Sie mich daran erinnert haben – Thank you for reminding me.
- Thank you for your highly appreciated support.
- Thank you so very much for your attention.

💬 Ohren auf

Je mehr Entschuldigungen Sie verwenden, je mehr Fragesätze, umso häufiger sollten Sie auch thank you *benutzen. Mit all diesen Assen appellieren Sie an das emotionale Zentrum im menschlichen Gehirn, sie sind eine Form sprachlichen Brückenbaus. Das Gehirn produziert dann chemische Botenstoffe, die dazu führen, dass wir uns im Beisein von anderen wohlfühlen. Letztlich geht es auch darum, sich wieder mit den eigenen Wurzeln zu beschäftigen – woher kommen wir und wohin werden wir gehen? Wollen wir eine Konfrontation provozieren oder uns doch lieber auf ein Verstehen und ein friedliches Miteinander einstellen? Die Chemie in unserem Körper kann höllisch wirken. Aber wir können sie positiv beeinflussen, indem wir Sprache so einsetzen, dass sie zu unserem Wohlsein beiträgt, zu einer globalen Verständigung, zu einem gelungenen Geschäftsabschluss. Denn wie wir sprechen, mit welcher Stimme, mit welcher Empathie, bestimmt, wie wir wirken. Es bestimmt, ob wir Konflikte aufbauen oder eher zu Lösungen kommen, ob wir Druck empfinden oder gelassen sind, ob wir Missstimmung erleben oder Begeisterung, Ablehnung oder Zufriedenheit.*

Das Ass der Asse – Shall we meet again?

Fakten. Fakten. Fakten. Wir leben in einer Kultur der Aussagesätze. Sag nur, was du weißt, und steh hinter dem, was du sagst.

Deshalb sagen wir kurz und bündig: »Wir werden uns in London treffen.«
»Ich will dich so bald wie möglich wiedersehen.«
»Ich benötige den Bericht schnellstmöglich auf meinem Tisch.«

Solange es um Fakten geht, bewegen wir uns auf sicherem Terrain. Fragen zu stellen oder Aussagen in eine Frageform zu kleiden, das führt bei uns sehr rasch zur Unsicherheit. Der andere könnte ja denken, dass ich etwas nicht weiß, mir unsicher bin. Deshalb machen wir einen großen Bogen um alles, was nicht klar definiert ist. Damit sind wir nicht ganz allein, die Kultur der Xhosa scheint Ähnlichkeiten mit unserer zu haben, jedenfalls Nelson Mandela zufolge. In seiner Autobiografie *Der lange Weg zur Freiheit* schrieb er: »Wie alle Xhosa-Kinder eignete ich mir Wissen hauptsächlich durch Beobachtung an. Wir sollten durch Nachahmen lernen, nicht durch Fragerei. Als ich später die Häuser von Weißen besuchte, war ich anfangs verblüfft über die Anzahl und die Art der Fragen, die Kinder ihren Eltern stellten – und über die ausnahmslose Bereitschaft der Eltern, diese Fragen zu beantworten. Bei uns galten Fragen als lästig; Erwachsene gaben Kindern nur solche Erklärungen, die sie für notwendig hielten.«

Doch Fragen zu stellen, ist wichtig. Wer Fragen stellt, ist bereit, Entdeckungen zu machen, er geht aus seiner Deckung heraus, gibt sich zu erkennen und in manchen Fällen auch eine Blöße, aber er zeigt Initiative. Gerade Menschen, die Visionen haben, Hoffnung formulieren, stellen permanent Fragen, sie empfinden das fast als ihr Recht. Wenn sie keine Fragen stellen, haben sie das Gefühl, ihnen fehle etwas Entscheidendes, ganz im Sinne von Albert Einstein, der einmal sagte: »Wichtig ist, dass man nicht aufhört zu fragen.« Fragen zu stellen, das bedeutet auch, auf der Suche nach einer Lösung zu sein.

Die Kunst des Fragenstellens ist wichtig. Wir sollten uns darin üben. Eigentlich verwunderlich, denn in unserer Kultur gibt es keinen Mangel an Philosophen – und Philosophie ist die Wissenschaft, den Dingen auf den Grund zu gehen, was nur mittels Fragen möglich ist. Aber an deutschen Schulen hat das Fach Philosophie wenig Bedeutung. In unseren Unterrichtsinhalten geht es eher darum, Fakten zu reproduzieren, als zu hinterfragen. So ist noch heute im Geografieunterricht entscheidend, alle Ostfriesischen Inseln zu kennen – oder gar alle Halligen in Deutschland. Die muss man im Norden namentlich aufsagen können – in Bayern entspräche dem etwa jedes Dorf im Allgäu. Da kann man sich schon fragen: Wie sehr weckt unser Schulsystem Wissbegierde? Wie sehr regt es dazu an, neugierig zu sein und Fragen zu stellen?

Eine Frage impliziert eine Antwort, jede Antwort wirft neue Fragen auf, das ist ein Kreislauf, ein vollkommen ergebnisoffenes Miteinander, das von vielen als menschlich, als freiheitlich empfunden wird, weil es das Gegenteil von Befehl und

Gehorsam ist. Und deshalb verbindet nichts so sehr als der Raum, in dem Fragen gestellt und Antworten gesucht werden können.

Wir Deutschen kommunizieren mit großer Begeisterung Zahlen, Daten, Fakten. In unserer Muttersprache favorisieren wir Aussagesätze, auch Deklarativsätze genannt. Es ist die Satzart, die neben Frage-, Aufforderungs-, Wunsch-, Behauptungs- oder Ausrufesätzen am häufigsten in unserer Sprache vorkommt. Aussagesätze, die etwas Tatsächliches wiedergeben, die man mehr oder weniger als wahr oder falsch nehmen kann, die mit einem Punkt definitiv abschließen und nichts mehr im Raum stehen lassen oder eröffnen, stoßen international jedoch auf wenig Gegenliebe. Unsere Nachbarn haben beim Hören solcher *Sätze* eher das Gefühl, es sei längst etwas entschieden. Denn sagen wir: »Wir werden uns in London treffen«, klingt das für sie, als gäbe es keine Alternative zu einem Treffen in London. Manchmal verstehen Menschen anderer Sprachkulturen solche Sätze wie einen Befehl: »Du hast gefälligst nach London zu kommen.« Es scheint keine andere Wahl zu geben. Sie haben sich den ausgesprochenen Gegebenheiten zu fügen. Freiheitsliebende Menschen – und nicht nur sie – sind davon bekanntermaßen wenig begeistert.

Wo liegt der Unterschied zwischen dem Satz:

- *We will meet in London?*

und

- *Shall we meet in London?*

Vielleicht haben Sie folgende Situation schon einmal erlebt: Wieder geht es um ein Treffen, wieder ist es in London vereinbart, und Ihr ausländischer Geschäftspartner fragt Sie nun zum wiederholten Mal: »*I shall see you in London then?*« Sie werden langsam ungeduldig, deshalb antworten sie: »Ja, das haben wir doch mehrfach vereinbart und bestätigt. Sogar fünfmal.« In Härtefällen zählen wir jede einzelne Nachfrage. Auf keinen Fall wollen wir uns nachsagen lassen, wir hätten nicht aufmerksam zugehört.

Ihr Gesprächspartner steht aber nicht auf der langen Leitung. Er stammt aus einer Kultur, in der gerade unter Menschen, die auf Augenhöhe miteinander umgehen, sogar bereits Beschlossenes in der Frageform kommuniziert wird, um sicherzustellen, dass die Äußerung unter gar keinen Umständen als Anordnung, Befehl und damit als Degradierung des Dialogpartners verstanden wird. Wenn unsere Nachbarn das Entschiedene und Akzeptierte in einer Frageform zusammenfassen, ist das ein Zeichen ihres Respekts uns gegenüber, eine Geste der Höflichkeit.

Viele Fragen zu stellen, ist international eine angemessene und zielführende Kommunikationsstrategie, die überall von Kindesbeinen an trainiert wird. Dahinter steht die Erkenntnis und damit letztlich die Lebenshaltung, dass es nicht respektvoll ist, einem anderen einen Aussagesatz um die Ohren zu schleudern. Sobald wir uns für die Frageform entscheiden, entsteht ein Kommunikationsraum, den wir als angenehm und offen empfinden. Wir *möchten* dem anderen näherkommen, mehr von ihm wissen, ihn einladen, den Tanz, den wir eröffnet haben, mitzutanzen.

Oje, denken wir, wie ist das kompliziert, ich möchte doch einfach nur kurz und bündig etwas loswerden. Das ist sehr nachvollziehbar. In der deutschen Ausgabe der *Sesamstraße* für Vorschulkinder werden gern Aussagesätze wie »Der Kreis ist rund« oder »Ich bin so nah, jetzt bin ich fern« benutzt. Letzteres, obwohl es im *Sesamstraßen*-Lied heißt: »Wer nicht fragt, bleibt dumm.« Unseren Nachbarn ist kommunikative Offenheit sehr viel wichtiger als uns.

Fangen Sie also an, stellen Sie Fragen:

- *May you help me please?*
- *Could somebody help me?*
- *Would you mind helping me please?*
- *Should we postpone our meeting?*
- *Haven't we achieved a lot?*
- *Could you please give me a helping hand here?*
- *Would you mind supporting me here?*
- *May I have expertise on ...?*

Mehr Fragen in Ihr Englisch einzubauen macht Sie im wahrsten Sinne des Wortes zu einem Kommunikations-Ass. Ich verspreche Ihnen, wenn Sie ab heute mehr in Frageform kommunizieren, wird Ihr Englisch – auch ohne zusätzliche Vokabeln – um ein Vielfaches besser klingen.

Wie entscheidend der Verzicht auf unsere geliebten Aussagesätze sein kann, zeigt folgendes Erlebnis: Ein Stuttgarter Familienunternehmen meldete sich bei mir. Am Telefon war der Juniorchef, Michael L., der mir offen und ehrlich erklärte: »Wir haben folgende Situation: Wir sind ein Automobilzulieferbetrieb, und in unserer Branche kriselt es gerade sehr. Seit Jahrzehnten bemühen wir uns um eine Firma in England, ähnlich klein wie wir. Sie beliefert den britischen Automobilhersteller Bentley. Mit dieser Firma würden wir gern kooperieren. *Für uns wäre das* eine Art Ritterschlag, speziell *für unser Marketing,* dann könnten wir sagen, wir arbeiten für einen Bentley-Zulieferer.«

»Das kann ich gut verstehen«, erwiderte ich. »Aber anscheinend gibt es da ein Problem.«

»Genau«, meinte der Juniorchef. »Die Einkäufer der englischen Bentley-Zulieferfirma kennen wir seit Langem. Diverse Konferenzen und Automessen haben uns einander nähergebracht. Sie sind auch nicht abgeneigt, mit uns zusammenzuarbeiten ...« Der Junior legte eine längere Pause ein.

»Aber ...« Ich versuchte dem Anrufer auf die Sprünge zu helfen und ihn zu ermutigen.

»Der Firmenführer und alleinige Unterzeichnungsberechtigte, ein mehr als beeindruckender alter Herr, kommt ursprünglich aus Deutschland. Als Sozialist wurde er mit sechzehn von den Nazis ins KZ Bergen-Belsen interniert, mit einundzwanzig von der britischen Armee befreit. Bis heute hält er an seinen politischen Prinzipien fest, was sich zum Beispiel darin äußert, dass er nirgendwo einkauft, wenn er sich nicht persönlich davon überzeugen kann, dass die Produktionsbedingungen fair sind. Ihm liegt viel am guten Umgang mit den Arbeitern vor Ort. Zudem ist er vom alten Schlag und unterschreibt alle Verträge nur an Ort und Stelle.«

Ein erstaunlicher Mensch, dachte ich. Das Telefonat wurde immer interessanter.

Der Juniorchef fuhr fort: »Verständlicherweise hat sich der alte Herr nach seiner Befreiung aus dem KZ geschworen, nie wieder deutschen Boden zu betreten. Um sich aber von unserer Produktion ein Bild zu machen, müsste er nach Stuttgart kommen. Das ist unser Dilemma. Durch die Wirtschaftskrise sind viele unserer Konkurrenten, die einen ähnlich hohen Qualitätsstandard hatten wie wir, nicht mehr auf dem Markt. Daher haben die Berater des alten Herrn ihrem Chef klargemacht: Wenn wir den nächsten Qualitätstest bei Bentley bestehen wollen, sollten wir bei den Stuttgartern einkaufen.‹«

»Und wenn ich jetzt richtig kombiniere«, warf ich ein, »will der betagte Firmenchef nach all diesen Jahrzehnten zu Ihnen nach Deutschland kommen.«

»Richtig. Zum ersten Mal seit seiner Befreiung aus Bergen-Belsen.«

»Und warum haben Sie mich angerufen?«

»Ich musste Ihnen den Hintergrund so ausführlich darlegen, damit Sie verstehen, um welche Dimension es hier geht. Obwohl unser Gast Deutscher ist, kommuniziert er ausschließlich auf Englisch. Ich selbst habe in den USA studiert, mein Englisch würde ich als gut bezeichnen, aber in diesem Fall darf und will ich mir keine Fehler erlauben. Ich benötige diesen Kunden, ich brauche dieses ›Wir arbeiten für den Bentley-Zulieferer‹, und ich brauche Sie. Deshalb möchte ich Sie buchen. Haben Sie Lust und Zeit, uns zu unterstützen?«

Beeindruckt von dem Vorgehen des Juniorchefs sagte ich sofort zu.

Die so bedeutungsvolle Begegnung fand an einem glühend heißen Tag in Stuttgart statt. Ein Sommertag, der einem ständig Schweißausbrüche bescherte, was noch verstärkt wurde durch die Tallage der Stadt. Der erste Gang führte zum Flughafen, dort wollten wir den »alten Herrn« und seine Mitarbeiter in Empfang nehmen. Als ich ihn die Ankunftshalle betreten sah, blickte ich in ein erstarrtes Gesicht – es sah aus, als trage der Mann eine Eisenmaske. Und auch an seinem nach vorn geschobenen Oberkörper erkannte ich deutlich sein Unbehagen. Die Körperhaltung schien Abwehr auszudrücken. Später tauschten wir auf deutscher Seite unsere Eindrücke aus: Jeder aus unserem Empfangskomitee hatte – der Hitze zum Trotz – eine Gänsehaut bekommen, wirklich unisono.

Der Juniorchef fuhr ein bewundernswertes *Love-Germany-we-have-changed*-Programm auf. Die Stuttgarter boten nicht nur Small Talk vom Feinsten, auch in Sachen Empathie gaben sie alles. Zunächst zeigte das wenig Wirkung auf den Besuch. Der alte Herr veränderte seinen starren Gesichtsausdruck nicht im Geringsten. Für die Produkte der Stuttgarter Firma schien er kaum einen Blick übrigzuhaben. »Die kenne ich in- und auswendig«, winkte er ab. »Eure Qualität ist überragend, mich interessiert viel mehr ...« Danach fragte er nach Vereinbarungen mit der Gewerkschaft, nach politischen Institutionen und garantiert demokratischer Firmenstruktur. Letztere schien ihm wirklich sehr wichtig zu sein. Zudem zeigte er beim Thema Arbeitsschutz große Wissbegier. Die in der Firma verwendete Schutzbekleidung beeindruckte ihn. Es wirkte, als wollte er nicht ein Produkt kaufen, sondern das neue, demokratische Deutschland.

In den folgenden Tagen gab der Stuttgarter Juniorchef alles, selten hatte ich jemanden erlebt, der sich so gut auf einen

Geschäftsbesuch vorbereitet hatte. Nach diesen drei Tagen schien mir sicher, dass der Weg für die Vertragsunterzeichnung geebnet war. Der »alte Herr« sah es wohl ähnlich, denn er bestand schließlich auf einer Zusammenarbeit. Die Verträge wurden nicht nur aufgesetzt, sie mussten zudem vor Ort übersetzt und juristisch geprüft werden.

Wir nutzten diese Zeit, dem Gast das Stuttgarter Umland zu zeigen. In einer idyllisch gelegenen Gastwirtschaft kehrten wir ein. Alles war bestens verlaufen, mittlerweile war die Atmosphäre sogar herzlich und vom gegenseitigen Respekt der beiden Männer geprägt. Gegen Ende unserer Mahlzeit erhob sich unser Ehrengast, die muntere Tischgesellschaft verstummte augenblicklich. Auf Englisch bekannte er: »Ich bin alt, ich bin bitter, ich bin krank. Dieses Land hier hat mich gebrochen. Ich kann nicht vergessen, ich kann nicht vergeben. Aber ich muss meinen Mitarbeitern danken, dass sie mich nahezu gezwungen haben, zurück in meine ehemalige Heimat zu kommen. Ich durfte junge Deutsche wie euch kennenlernen. Und ich weiß, ein Land, das Männer wie dich, Michael, hervorbringt, ist nicht mehr das Land, das mich so gequält hat. Ich kann nicht vergessen, ich kann nicht vergeben, aber ich darf hier ein anderes, ein neues Deutschland erleben. Ich bin zutiefst berührt und kann jetzt mit einer anderen Sicht auf Deutschland sterben. Danke.«

Bevor der Besuch Platz nehmen konnte, war der sichtlich aufgewühlte Michael aufgestanden und setzte spontan zu einer Umarmung an, die der alte Herr gewähren ließ. Erstaunlich jung wirkten seine Gesichtszüge, die nahezu roboterhafte Motorik war verschwunden.

Zutiefst gerührt waren auch wir. In allen Augen schwammen Tränen. Wir durften mit dabei sein in diesem bewegenden Moment der Annäherung und Aussöhnung. Noch heute, nach all den Jahren, bekomme ich Gänsehaut, wenn ich mich an diese Szene erinnere. Nichts von der Ergriffenheit ist gewichen.

Im Vorfeld hatte mir Michael L. ans Herz gelegt, streng darauf zu achten, dass er nicht aus Versehen ins Englische wechselte. »Egal wie gut mein Englisch ist, hier darf ich mir nicht einmal den kleinsten Fehler erlauben. Deshalb muss ich konsequent Deutsch sprechen. »Bitte achten Sie darauf«, hatte er mich ermahnt.

All die Tage hatte er sich penibel daran gehalten, doch nun waren die beiden Männer in eine angeregte Unterhaltung auf Englisch vertieft.

»Michael«, räusperte ich mich, »Sie wollten doch beim Deutschen bleiben.«

Er erwiderte: »Wissen Sie, Susanne, ich habe einen Riesenrespekt vor der Lebensleistung dieses Mannes. Selten hat mich jemand so beeindruckt wie unser Besuch. Sein Gesundheitszustand wird ihm nicht mehr erlauben, ein weiteres Mal zu uns zu reisen. Wir werden noch ein bis zwei gemeinsame Stunden haben, in denen möchte ich mich unmittelbar, ohne Dolmetscher, mit ihm austauschen.«

Dankbar lehnte ich mich zurück. Auch wenn sie kein besseres Ende hätten finden können, waren die letzten Tage eine wahre Herausforderung gewesen. Herrlich, nun durfte ich all die Anspannung hinter mir lassen. Endlich würde ich in Ruhe essen, nicht nur Wasser trinken und diese wunderbare Atmosphäre genießen dürfen.

Beglückt beobachtete ich, wie sich der alte Herr bei Michael einhakte und ihn zu einem Gegenbesuch einlud. Der gegenseitige Respekt, die große Sympathie waren in ihre Gesichter geschrieben. Scherzend und lachend fuhren wir zurück zur Firmenzentrale. Die Rechtsanwälte beider Parteien hatten den Vertrag zur Zufriedenheit geprüft, nun fehlte lediglich die Unterschrift.

Michael, der seinem Besucher ein neues Deutschland eröffnet hatte, griff zu seinem Montblanc-Füller, reichte ihn dem alten Herrn und bat lächelnd auf Englisch: »Setzen Sie sich doch und unterschreiben hier.« Nie zuvor hatte ich die Kraft des Reptiliengehirns so unmittelbar erlebt wie bei diesem Mann, der so viel durchgemacht hatte. Von einer Sekunde auf die andere war es wieder da, das Eisengesicht, die beißend raue Stimme, die ich sagen hörte: »*Never ever is a German, a Kraut, going to tell what I have to do. Never, never, never.*« Nie wieder werde ihm ein Deutscher, ein »Kraut«, sagen dürfen, was er zu tun habe. Mit diesen Worten drehte er sich um und verließ den Raum. Seine eigenen Mitarbeiter liefen ihm nach, drängten ihn, die Verträge zu unterzeichnen. Er könne doch nicht einfach alles sausen lassen. Es sei schließlich schon alles unter Dach und Fach.

Ich atmete tief aus. Was hatte Michael falsch gemacht? Hier war er wieder, der freundlich gemeinte Aussagesatz, der international allzu schnell als Befehl ankommt. Folgende Formulierung wäre glücklicher gewesen:

- *Do you want to make yourself comfortable? Do you want to sign here?*

Für all seine Mühen, sein Herzblut, das er gegeben hatte für die Tage der Aussöhnung, hätte ich dem Stuttgarter gern das Bundesverdienstkreuz verliehen. Und dennoch blieb das Fazit: Michael – hätten Sie doch bloß gefragt ...

Wenn Sie mit globalen Partnern ein wirklich gutes Verhältnis aufbauen wollen, denken Sie an die Macht, wenn nicht gar die Magie des Fragesatzes.

In meinen Jahren als Dolmetscherin habe ich Aussagesätze als *die* Achillesferse schlechthin wahrgenommen. Michaels Erfahrung war wegen seines stark traumatisierten Gasts besonders dramatisch. Es ist nicht die einzige, die ich erlebte.

Immer wieder erfuhr ich, wie bereits ausgearbeitete Verträge in letzter Minute ins Wanken gerieten, weil sich der internationale Partner durch zu viele Aussagesätze bedrängt fühlte.

Warum spielen wir deutschen Muttersprachler es nicht öfter aus, das Ass der Frage?

Springen wir über unseren Schatten und machen uns die Welt durch Fragen zum Freund.

Aussagesätze werden in vielen Kulturen als Degradierung empfunden, während Fragen höflich sind und unsere Gesprächspartner »mit ins Boot« nehmen. Wenn wir international unterwegs sind, bewegen wir uns mitunter in Gesellschaften, in denen Hierarchien noch eine größere Bedeutung haben als bei uns, so etwa das Kastensystem in Indien. Aber auch in Ländern, die lange unter Kolonialherrschaft standen oder unter Apartheid litten, gibt es nach wie vor gesellschaftliche Ab- und Ausgrenzungen. Verwenden Sie also gerade im Beisein Dritter Fragesätze, wenn Sie Ihre indischen oder südafrikanischen Kollegen nicht verletzen wollen.

- *Could you do this?*
- *Do you intend to …*
- *Do you mean to …*
- *What had you in mind for …*
- *What do you propose to …*

Aussagesätze zur falschen Zeit können auch in Herzensangelegenheiten für Verwirrung sorgen. Sie haben eine unglaubliche Kraft, sind in der Lage, andere Menschen nachhaltig zu beschäftigen, beeinflussen die Wahrnehmung und prägen das Image einer Person. Wie sehr direkte Kommunikation das eigene Selbstverständnis prägen kann, verdeutlicht Sabines Erlebnis während einer mehrtägigen Konferenz. Orte der Handlung sind Berlin (2013) und Devon, eine Grafschaft im Südwesten von England (1985):

Schon am ersten Tag in Berlin war Sabine ein Teilnehmer aufgefallen, ein echter englischer Gentleman, hochgewachsen, geschmackvoll gekleidet, eloquent. Seine Ausstrahlung konnte man als distinguiert bezeichnen, eindeutig Upperclass. Nun stand er vor ihr.

»Entschuldigen Sie bitte«, sagte er zögerlich auf Englisch. »Sie erinnern mich an jemanden. Es ist sehr unwahrscheinlich, aber die Welt kann sehr klein sein.«

Sabine betrachtete ihn fast amüsiert. Wieso war er nur so unglaublich verlegen? Warum trat er nervös von einem Bein aufs andere? Vielleicht konnte sie ihm ja durch eine lockere Reaktion die Aufregung nehmen.

»Wie schön, dass wir endlich die Gelegenheit haben, uns vorzustellen«, sagte sie deshalb. »Ich heiße Sabine.« Dann ermunterte sie ihn weiter: »Was erscheint Ihnen denn unwahrscheinlich?«

Bei der Nennung ihres Namens schien der Engländer fast die Fassung zu verlieren, doch dann gewann er wieder an Boden: »Sabine, genau, das war ihr Name. Verzeihen Sie, es muss über dreißig Jahre zurückliegen ... Persönlich haben wir uns nie kennengelernt, aber ich bilde mir ein, Sie auf den Fotos meines Freundes James gesehen zu haben.« Er stockte für einen Moment. »Sie haben nicht zufällig Mitte der Achtzigerjahre in Brüssel studiert?«

»Doch, das habe ich, und James war in Belgien mein Studienfreund. Mein Gott, das ist ewig her.« Nun wurde *sie* verlegen: »Habe ich Sie jetzt richtig verstanden, unter all den Konferenzteilnehmern haben Sie mich nach so langer Zeit als ehemalige Freundin von James erkannt? Wie kann das sein?« Sabines Verlegenheit wich einem Anflug von Misstrauen.

»Ja, das ist verrückt, nicht wahr?«, sagte der Engländer strahlend. »Ich heiße übrigens Richard. James und ich sind seit der Vorschule miteinander befreundet. Die Fotos von Ihnen und anderen Freunden aus seiner Brüsseler Zeit hingen noch Jahre nach seiner Rückkehr *über seinem Schreibtisch*. Sie haben sich kaum verändert, aber in Erinnerung sind Sie mir geblieben, weil Sie als *the German girl* in die Anekdotensammlung von James' Familie eingegangen sind.«

»*The German girl?*« Sabine schaute den Engländer ratlos an. »James und ich waren doch nur ein einziges Mal zusammen in England. Wie soll ich da einen solch nachhaltigen Eindruck hinterlassen haben?«

Richard, der längst seine Souveränität wiedererlangt hatte, erzählte, wie es dazu gekommen war. James hatte Sabine die malerischen Küstenstädte seiner Heimat gezeigt. Das Wochenende verbrachten sie bei James' Eltern auf dem prachtvollen Anwesen, das die adlige Familie seit Jahrhunderten bewohnte. Am zweiten Tag ihres Aufenthalts streifte Sabine allein durch den ausgedehnten Park und traf im Kräutergarten auf die Mutter ihres Freundes.

Zuerst sprachen die Frauen über Thymian, Melisse und Minze, doch mittels einer gewagten Überleitung schaffte es James' Mutter, en passant all die jungen, hübschen und standesgemäßen Frauen zu erwähnen, die sich im Umfeld ihres Sohnes bewegten. Dabei fielen die Worte: »Sie alle möchten ihn heiraten.« War die Mutter etwa besorgt? Sabine versuchte sie zu beschwichtigen und sagte fröhlich: »*Oh, don't you worry, I don't want to marry. Marriage is so bourgeois, so old-fashioned. I just want to learn your son's English.*« Augenblicklich wirkte die Mutter wie vom Donner gerührt. Während Sabine die Szene im Kräutergarten schnell vergaß, blieb sie der Mutter von James nachhaltig in Erinnerung. So viel Direktheit war ihr bis dahin nicht untergekommen.

Lachend schloss Richard: »Ihre eindeutige Aussage ist bei uns zum geflügelten Wort geworden. Heiraten ist so bourgeois. So sind Sie bei uns zum *German girl* geworden.«

Sabine fiel, während sie dies erzählte, noch ein anderes Erlebnis aus Devon ein, das ich ebenfalls für bezeichnend halte, wenn es um die Kommunikation mit Briten geht. Manchmal können auch sie etwas direkt wirken, insbesondere dann, wenn es um den Zweiten Weltkrieg geht. Schnell empfinden wir das als befremdlich, wobei es nicht im Geringsten böse gemeint ist. Es hat eher mit einem unterschiedlichen Verständnis von Geschichte zu tun, dessen wir uns bewusst sein sollten.

An dem Tag, als das Gespräch im Kräutergarten stattfand, wollte die Familie abends zusammen essen, es war die letzte gemeinsame Mahlzeit, bevor Sabine und James wieder zurück nach Belgien fuhren. Der Urlaub war vorüber. Die Eltern verkündeten, sie wollten den Cocktail im Kaminzimmer einnehmen. Das gehörte hier wohl zum guten Ton, dachte Sabine. Denn sie hätten ihn gut auf der Terrasse servieren lassen können. Draußen war es noch mild, ein richtig schöner Abend.

Sabine entschied sich daher für Pumps und ein leichtes Sommerkleid. Als sie das Kaminzimmer betrat, merkte sie, dass ihre Kleiderwahl ein Fehler war. Schon nach kurzer Zeit zitterte sie vor Kälte, wollte sich aber nicht noch einmal umziehen. Es schien ihr unhöflich, die Runde zu verlassen. Hätte sie es doch getan, denn nach und nach kroch die feuchte Kühle in ihren Körper; der offene Kamin strahlte kaum Wärme in den Raum aus.

Als sich die Familie ins Nebenzimmer begab, wo wenig später das Essen aufgetragen werden sollte, ließen die anderen Familienmitglieder Sabine und den Großvater für eine Weile allein zurück.

Bislang hatte der alte Herr nichts gesagt. Er schien müde, denn während des Gesprächs war er immer wieder eingenickt, um Sekunden später mit einem »*Oh dear, where were we?*« aufzuschrecken.

Die junge Frau rückte nun, da sie sich unbeobachtet glaubte, so nah wie möglich ans Feuer, um ihre Glieder aufzutauen. Dabei fiel ihr Blick auf zwei sich kreuzende Gewehre, die über dem Kaminsims hingen. Am Ende der Gewehrläufe waren lange und spitze Messer befestigt. Bajonette? Sie schauderte bei der Vorstellung an das gegenseitige Abschlachten Aug in Aug. Eine Nahkampfwaffe, die in den Grabenkämpfen des Ersten Weltkriegs zum Einsatz gekommen war, aber auch noch im Zweiten Weltkrieg.

»*Real German blood.*«

Erschrocken drehte Sabine sich um. Der Großvater hatte sie beobachtet, er stand dicht hinter ihr und wirkte wie ausgewechselt. Voller Elan und Stolz zeigte er auf die Bajonette und wiederholte seine Worte: »*Real blood of real Krauts.*«

»Äh *what*?«, stammelte Sabine hilflos. Das konnte sie nur falsch verstanden haben. Wollte ihr der alte Mann tatsächlich zu verstehen geben, dass noch deutsches Blut an diesen grausamen Stichwaffen klebte? Ihr wurde flau im Magen.

»*Are you interested in the military history of this great nation, young lady?*« Wie tief, fest und leidenschaftlich die Stimme des Greises plötzlich klang.

Was sollte sie erwidern, wenn sie James' Großvater nicht verärgern wollte? Eigentlich war sie nicht darauf aus, in diesem eisigen Salon mehr über die Militärgeschichte einer großen Nation zu hören, womit zweifellos das britische Empire gemeint war. Sie antwortete mit einem Schulterzucken.

Der Großvater beachtete ihr Zögern überhaupt nicht. Er dozierte bereits. Sabine konnte ihm kaum folgen, als er die heroischen Leistungen dieses Generals und jenes Admirals sowie unzählige Schlachten aufzählte, aus denen die Briten siegreich hervorgegangen waren. Nicht zuletzt sprach er von der Landung in der Normandie im Juni 1944.

»*Have I forgotten to mention that our lovely guest is German?*«, unterbrach James, der gerade eingetreten war, die Ausführungen seines Großvaters.

»*Oh, she is not from Belgium? What a pity. I was just about to give her an idea on battle of* ...«, fuhr der alte Herr fort.

Nun hatte auch James' Vater sich zu ihnen gesellt. Er ging auf den alten Veteranen zu, legte seinen Arm um ihn und raunte ihm zu: »Bitte, komm nicht ständig auf den Krieg zu sprechen.«

»Mir schien aber, als interessiere sich unser Gast dafür.« Der Großvater feilschte um weitere Redezeit. »*Well, young Lady*, am Ende des Krieges haben wir Engländer die Deutschen geschlagen ...«

»Das Dinner ist angerichtet.« James unterbrach abermals seinen Großvater, dieses Mal in einem Ton, der keinen Widerspruch duldete.

Unter Protest kehrte der zum Schweigen Verdammte zu seinem Sessel zurück. Als hätte man ihn seiner Lebenssäfte beraubt, sackte er in sich zusammen. Binnen weniger Sekunden wirkte er wieder ermattet und teilnahmslos.

»Militärgeschichte ist seine Passion«, flüsterte James entschuldigend.

Sabine war froh, dass das Essen nicht im Kaminzimmer eingenommen wurde, sonst hätte sie bestimmt immer zu den Bajonetten geschielt und sich gefragt, ob an ihnen wirklich noch echtes Blut klebte.

Ohren auf

Nachdem ich nicht länger Woodrow Wilson als meinen Helden bezeichnen kann, versuche ich es mit Marshall B. Rosenberg. Der Amerikaner hat ein Konzept zur gewaltfreien Kommunikation entwickelt, ein Ergebnis des jahrelangen Umgangs mit Aktivisten aus der US-Bürgerrechtsbewegung Ende der Sechzigerjahre. Der Mediator sagte einmal: »Ein neues Verhalten braucht eine neue Sprache.« Er meinte damit ein empathisches Kommunizieren ohne Worte. Das geht aber auch mit Worten. Worte, richtig eingesetzt, ermöglichen es, die Bedürfnisse anderer wahrzunehmen und zu spiegeln. Und am besten funktioniert das mithilfe von Fragen – dem Ass der Asse. Vergessen Sie Aussagesätze und versuchen Sie, Ihre Inhalte in eine Frage zu kleiden. Schon haben Sie auf der ganzen Linie gewonnen.

11
»Hoffen und Glauben gehören in die Kirche« – der German Code

Anstrengend kann er schon sein, der sprachliche Tanz mit unseren Nachbarn. Das Leben wäre um ein Vielfaches einfacher, wenn wir nicht so herumeiern müssten. Und warum sollen wir uns immer anpassen? Die anderen könnten sich doch auch ein wenig bemühen, uns besser zu verstehen.

Das tun sie! Seit einiger Zeit unterrichte ich den »German Code« unter dem Motto *How to better understand Germans*. Das Interesse an unserer Heimat, die Neugier auf unsere Kultur ist groß. So begrüßten mich die Seminarteilnehmer eines tschechischen Kunden – Tochterfirma einer großen, international agierenden norddeutschen Firma der Bauindustrie – mit vielen Fragen.

»Unsere deutschen Kollegen erscheinen uns tiefreligiös, immer wieder erwähnen sie die Worte »Kirche« und »Glauben«. Es ist uns ein wenig unangenehm, wir haben nicht allzu viel an religiöser Erziehung genossen. Unsere Tschechische Republik ist 1993 entstanden, bis 1991 war die Tschechoslowakei Mitglied des Warschauer Pakts und kommunistisch. Es ist uns allerdings ein großes Bedürfnis, unseren Kollegen Respekt vor ihrem tiefen Glauben zu zollen. Wir haben deshalb die gesetzlichen Feiertage Deutschlands gegoogelt und versenden bereits an Weihnachten Karten. Jetzt fragen wir uns, ob wir auch Oster- und Pfingstgrüße nach Hamburg senden sollen. Ist das in Ihrer Heimat so üblich?«

Überrascht hakte ich nach: »Ihre Kollegen in Deutschland sind tiefreligiös und reden mit Ihnen über ihren Glauben? Alle?«

»Nein, über ihren Glauben direkt reden sie nicht. Sie benutzen nur die Worte ›hoffen‹ und ›glauben‹ derart häufig, dass wir davon ausgehen, die Religion muss ihnen sehr wichtig sein.«

Ich war verwirrt. »Das wundert mich sehr, dass alle Ihre Ansprechpartner auffallend oft von ›hoffen‹ und ›glauben‹ sprechen. Können Sie mir ein konkretes Beispiel geben?«, bat ich.

Die Seminarteilnehmer überlegten: »Nun, die Hamburger rufen hier an und fordern, dass ein bestimmter Vorgang zum Beispiel bis Freitag in Hamburg zu sein hat. Solche Vorgaben können bisweilen unrealistisch sein. Wir wollen aber niemanden vor den Kopf stoßen und antworten dann: ›Wir hoffen, wir schaffen es bis Freitag‹. Das ist so eine typische Situation, in denen unsere Kollegen dann von ihrem Glauben sprechen.«

Ich war immer noch ratlos: »Ihre Kollegen sprechen bei solchen Terminabsprachen von ihrem Glauben? Was genau sagen sie?«

»›Hoffen und Glauben gehören in die Kirche‹, genau diese Antwort hören wir immer wieder«, berichteten die Tschechen.

Ich musste herzlich lachen, danach erklärte ich: »Nein, es ist nicht eine innige Verbundenheit zur Religion, die Ihre Kollegen damit ausdrücken. Es ist so: Wenn wir das Wort ›hoffen‹ hören, ist uns dies nicht konkret genug. Wir werden nervös, da wir eine klare, eindeutige Aussage erwarten.«

Ich blickte in ungläubige, erstaunte Gesichter und fuhr fort: »Das Wort ›hoffen‹ ist für einen Deutschen viel zu unpräzise. Er erwartet eine klare Kommunikation, eine verbindliche Auskunft. Darum geht es ihm, das mit der Kirche ist nur eine Redensart.«

Was genau aber hatte die Kommunikation gestört? Die deutschen Kollegen hätten von den Tschechen gern folgende Erwiderung gehört, zu denen ich die Seminarteilnehmer nun ermunterte: »Das ist knapp. Wir können nichts versprechen. Wir werden allerdings alles tun, was in unserer Macht steht, um diesen Termin einzuhalten.« Nach einer kleinen Pause fügte ich hinzu: »Das ist eine klare Ansage, die Ihr Ansprechpartner besser einordnen kann.«

Aus Sicht der Tschechen hingegen waren solche direkten Worte viel zu unhöflich. Zu sagen »Wir hoffen«, war für sie ein empathischer, jedoch eindeutiger Hinweis, dass sie den Termin der Hamburger für eine unrealistische Forderung hielten. Folglich übten wir in den »German-Code«-Seminaren, bei Telefonaten mit der Mutterfirma eine konkrete und direkte Ausdrucksweise zu benutzen: »Wir geben unser Bestes, wir können nicht versprechen, dass es klappen wird.«

Was uns so selbstverständlich erscheint, ist für andere Kulturen harte Arbeit, immer wieder mussten sich die Tschechen bewusst machen, dass sie in Hamburg besser verstanden werden, wenn sie direkt kommunizieren. Was für ein mühe- bis qualvoller Lernprozess.

»Das klingt alles so unhöflich. Wenn meine Mutter das hören würde, wie unfreundlich, nahezu respektlos ich hier rede, würde sie ihre ganze Kraft zusammennehmen und mir eine ordentliche Ohrfeige verabreichen«, wehrte sich einer der Prager Ingenieure. Ein Spätfünfziger, ein Mann wie ein Baum, der sein halbes Leben auf Großbaustellen verbracht hatte – nur zappelte er wie ein Fisch an der Angel.

»Deine Mutter ist aber nicht hier, wenn du mit den deutschen Kollegen telefonierst«, erwiderten die Kollegen lakonisch. »Denk an all die Missverständnisse und Ungereimtheiten, die wir uns ersparen können.« Alle lachten, und es war uns erneut klar geworden, wie sehr wir Kinder unserer Erziehung sind.

»Ach«, prustete Pavel, ein anderer Ingenieur, »dann senden wir die Karten zum Osterfest, die wir bereits besorgt haben, eben nicht nach Hamburg, sondern nach Krakau.«

Noch am Abend amüsierten wir uns köstlich bei Bier und tschechischen Schlemmereien über das Hoffen und Glauben in Norddeutschland.

Wenige Tage später erreichte mich eine E-Mail aus Prag: »Wenn wir jetzt mit Deutschland telefonieren, sind wir maximal direkt. Wir sind erstaunt, wie viel besser wir uns jetzt verstehen. Aber wir schließen vor jedem Anruf die Tür. Unsere Kollegen, die nicht an Ihrem Training teilgenommen haben, würden uns sonst für ungehobelt halten.«

Geschäftspartner, die nicht in einer ausländischen Tochterfirma arbeiten und zu denen somit keine Abhängigkeit besteht, sind weniger darauf angewiesen, sich uns gegenüber anpassen zu müssen. Während meiner Dolmetschertätigkeit mit internationalen Unternehmen habe ich die Erfahrung gemacht, dass wir uns die Haare raufen, wenn es um Termine mit Partnern auf dem indischen Subkontinent und im asiatischen Raum geht. Die E-Mails, die ich gesehen habe, die etwa reklamieren, dass eine Bestellung mal wieder *too late*, also zu spät war, vermag ich nicht mehr zu zählen.

Internationale Partner haben nicht nur einen anderen Zeitbegriff, gelegentlich stoßen wir auf taube Ohren, Terminanfragen werden nicht immer beantwortet. Unvorstellbar! Wie kann man da abends in Ruhe mit der Familie am Esstisch sitzen, wenn man nicht seine To-do-Listen vollständig abgehakt hat? Kollegen anderer Kulturen empfinden ihre Arbeit weniger als Aufgabe, die in bestimmten Zeitetappen zu bewältigen ist.

Als ich das erste Mal verfolgte, wie ein Deutscher einem Inder erklären wollte, für eine bestimmte Sache sei es *too late*, reagierte der Inder einfach nicht. Der Deutsche wandte sich schließlich genervt an seine Dolmetscherin und sagte: »Wie oft soll ich denn noch wiederholen, dass es zu spät ist?« Ihrem Gesichtsausdruck nach arbeitete es in ihr, um das Dilemma, in dem der Geschäftsmann steckte, zu lösen. Doch das war nicht möglich. Es wäre unhöflich gewesen, dies in dieser Situation zu erklären. Zum Glück überwanden die Dialogpartner ihre Hürden. Der Inder wusste natürlich, was *too late* bedeutet. Doch die Sperre, die ich bei ihm wahrgenommen hatte, beschäftigte mich. Was war das? Warum hatte er nicht geantwortet? War damit ein besonderer kultureller Kontext verbunden?

Doch welcher? So genau hatte ich mich bislang nicht mit der indischen Kultur beschäftigt.

Später, als die Kollegin ihre Arbeit beendet hatte, fragte ich sie: »Wieso legen deine Landsleute diese Gleichmütigkeit an den Tag, wenn man ihnen ein ›Zu spät‹ um die Ohren haut?« Lachend erklärte sie: »Wenn ich in Indien die Worte ›zu spät‹ in den Mund nehme, fehlt ihnen der Kontext. Inder, wenn sie denn Hinduisten oder Buddhisten sind, haben ein völlig anderes Zeitverständnis, und das wiederum hängt mit ihrem Glauben an eine Wiedergeburt zusammen. Du musst es dir so vorstellen: Da sich bei der Wiedergeburt eine Seele in einem anderen Körper reinkarniert, kann grundsätzlich nie etwas zu spät sein, weil es ja immer weitergeht.«

»Wie spannend, so habe ich das noch nie betrachtet«, pflichtete ich ihr bei. »Wohl auch deshalb, weil wir Deutschen in unserem Alltag, allem voran in unserem Geschäftsleben, unserem christlichen Hintergrund wenig Beachtung schenken. Wir sprechen bestenfalls von preußisch-protestantisch geprägten Tugenden.« – »Für uns Inder«, fuhr meine Kollegin fort, »ist der Tod nicht der Abschluss des fleischlichen Lebens. Und wird man als Affe wiedergeboren, weil man es nicht anders verdient hat, oder als Laus, weil man ein richtiger Fiesling war, kommt mit der nächsten Reinkarnation die Chance auf ein besseres Dasein.«

In diesem Moment fiel mir eine Großtante ein, die teilweise in den USA aufgewachsen war und ab dem vierten Lebensjahr die Sonntagsschule besuchen musste. Unter Tränen erinnerte sie sich, wie furchtbar es für sie gewesen sei, die sieben Sündenstufen sowie die neun Höllenkreise auswendig zu lernen. Was einem da alles passieren konnte. Da kam man ins ewige Feuer, wurde gehäutet und grausam gefoltert.

Ihren Bericht hatte ich mit einer Mischung aus Gruseln und Angst verfolgt. So richtig konnte ich mir nicht vorstellen, wie einem bei lebendigem Leib die Haut abgezogen wurde. Oder wollte es auch gar nicht. Mehr als ein »Autsch!« brachte ich als Zuhörerin nicht heraus. Aber nach und nach wurde mir klar: Uns modernen westlichen Zeitgenossen fehlt – Gott sei Dank – die unmittelbare Erinnerung daran, dass auch bei uns im Namen des Glaubens gefoltert wurde. Die Generationen früherer Jahrhunderte müssen eine sehr klare Vorstellung davon gehabt haben, wie sehr und wie lange der menschliche Körper leiden kann. Höllenangst war im wahrsten Sinne des Wortes auch ein politisches Machtinstrument. Meine Kollegin hatte schon recht, bei uns gibt es keinen zweiten Versuch, wir haben in unserer christlich geprägten Kultur nur *ein* Leben.

Niemand von uns darf auf Wiedergeburt hoffen oder auf ein gutes Karma für die nächste Reinkarnation hinarbeiten.

Hinduisten haben unendlich viele Leben, also auch unendliche Chancen. Das ist eine vollkommen andere kulturelle Basis, um das eigene (Geschäfts-)Leben zu gestalten. Es war wirklich spannend, da ging es um zwei kleine Wörter – und Menschen aus unterschiedlichen Kulturen interpretierten sie völlig anders. Jeder von uns hat sein eigenes, persönliches Raster, mit dem wir Informationen filtern und verarbeiten. Diese Filter sind so individuell und verschieden wie wir. Für den Austausch mit indischen Geschäftspartnern hilft es uns, im Hinterkopf zu behalten, dass Inder sach- und zielorientierte

Fragen nur bedingt nachvollziehen können. Folgende Fragen sind weniger zielführend:

- *Warum kommt es zu Lieferungsverzögerungen?*
- *Wo sind die Ersatzteile?*
- *Wer ist dafür zuständig?*
- *Warum ist die Ware fehlerhaft?*

Verzichten Sie auch auf Sätze wie:

- *Wie oft muss ich Ihnen sagen, dass es zu spät ist ...*
- *Aber wir haben doch gesagt, dass die Waren am 1. August eintreffen sollten ...*
- *Wir haben doch einen Vertrag abgeschlossen. Ich habe ihn in einem Leitz-Ordner ordentlich abgeheftet, da steht alles drin ...*

Werfen Sie Ihr deutsches Effizienzdenken über Bord, sparen Sie damit Zeit, Nerven und Geld. Inder lieben den Satz: *Change is law* – nichts ist für immer. Machen Sie sich für die Dauer der geschäftlichen Beziehungen dieses Denken zu eigen, beachten Sie, dass »zu spät« keine existenzielle Bedeutung haben darf. Kalkulieren Sie Zeitverzögerungen von Anfang an ein, sodass Sie nicht in Schwierigkeiten kommen. Der Erfolgsfaktor Nummer eins: Betreiben Sie während der gesamten Projektdauer Beziehungspflege. Das bedeutet Aufwand. Zeitaufwand. Die investierte Zeit wird sich jedoch auszahlen, denn in den meisten Kulturen dieser Welt – allen voran den in BRICS-Staaten – steht das Netzwerk, die Beziehung, das Ansehen an erster Stelle. Ersetzen wir ganz einfach Erinnerungs-/Mahn-Mails durch Beziehungs-Mails:

- *Wie war Ihr Wochenende? Hatten Sie die Möglichkeit, sich zu entspannen?*
- *Ich war mit meiner Frau bei uns in der Stadt indisch essen, wir hatten ein Chicken Curry bestellt, von dem wir danach allen unseren Freunden vorschwärmten. Die indische Küche mit ihren vielen Gewürzen ist so wunderbar.*
- *In Berlin läuft gerade ein Bollywood-Filmfestival, dafür habe ich mir gestern Karten gekauft ... Bin sehr gespannt auf den Abend.*

Wer es mit dieser letztlich simplen Methode versucht, wird ein kleines Wunder erleben. Früher haben Sie tagelang darauf gewartet, dass auf eine E-Mail überhaupt reagiert wurde, nun können Sie sich die Augen reiben, da manche Antwort sogar am Wochenende erfolgt. Als ich einmal einem deutschen Geschäftsmann zur Beziehungsstrategie riet, starrte er mich fassungslos an. Er meinte:»Wir sind kurz davor, die Anwälte einzuschalten, und Sie kommen mit Beziehungspflege daher.«

In China nennt man das Netzwerk persönlicher Beziehungen Guanxi – mit Guanxi ist alles möglich, ohne Guanxi gar nichts.

»Die Dinge« bevorzugt innerhalb eines mit viel Fleiß, Herzblut und über viele Jahrzehnte aufgebauten Netzwerks zu regeln, darauf vertrauen viele Kulturen. Verständlicherweise misstrauen sie vollkommen dem offiziellen Rechtsweg. Das ist auch heute noch Realität: Nur wer über ein sehr gutes soziales Netz verfügt, ist abgesichert.

Verlässlichkeit

Ein fachlich hervorragender und auch ungemein sympathischer Kollege hält immer wieder eine beruflich getroffene Verabredung nicht ein. Wie geht man damit um?

Deutsche sagen: »Das lasse ich mir ein-, zweimal gefallen, vielleicht auch noch ein drittes Mal, aber wenn er mich dann ein weiteres Mal versetzt, versuche ich, mein Projekt auch ohne ihn auf die Reihe zu bekommen. Andernfalls ist mir das viel zu anstrengend.« (Im privaten Bereich wird eine solche Person dann häufig mit der Bemerkung ›Auf den ist eh kein Verlass‹ im Freundeskreis gemieden.)

In den meisten anderen Kulturen auf diesem Erdball steht aber nicht das vereinbarte Treffen im Fokus, nicht die Performance. Anderswo geht es darum, möglichst eine Beziehung zu pflegen, dort fällt man nicht so rasch ein Urteil im Sinne von: Mit dem will ich nichts mehr zu tun haben, da kann er noch so nett und kompetent sein, ich kann mit dieser Unzuverlässigkeit nicht umgehen.

Vor einigen Monaten arbeitete ich mit einem deutsch-französischen Team. Ein besseres Verständnis füreinander war das entscheidende Anliegen unseres Seminars. Deutsche wie Franzosen kommunizierten auf Englisch. In Frankreich gibt es den Begriff *être au centre*, den man mit »in der Mitte eines

Beziehungsgeflechts« übersetzen könnte. Für die Deutschen in der Gruppe war das vollkommen fremd. Wir streben nach oben. »Die hat es nach ganz oben geschafft«, loben wir anerkennend. Allzu viel Beziehungsgeflecht ist uns eher fremd. Und noch etwas anderes irritierte die deutschen Teilnehmer: Das französische Team pflegte eine andere Geschäftskultur, es hatte ein flexibles Verständnis von Zeit.

»Ihr Franzosen geht zwei Stunden zum Mittagessen, da könnt ihr nicht ordentlich was schaffen, ihr seid überhaupt nicht effektiv!«, lautete deshalb der Vorwurf. Die französische Seite konterte: »Ihr wollt effektiver sein! Das ist ja zum Lachen! Wir erleben immer wieder, dass vier von euch an der gleichen Sache sitzen. Ihr tauscht euch zu wenig aus. Ihr wisst zu selten, womit der Kollege gerade beschäftigt ist. Oft führt ihr Dinge mehrfach aus. Durch den intensiven Austausch sind wir besser informiert. Ich weiß immer genau, an welchem Punkt im Projekt mein Kollege Jean Paul gerade steckt. Wir sind viel besser miteinander vernetzt, wir wissen sehr genau, woran der andere arbeitet, das ist unsere Art von Effektivität.«

Projekte werden in Frankreich wie in Deutschland zu Ende gebracht. Um gemeinsam Ziele zu erreichen, ist es zweckdienlich, konstant im Austausch zu bleiben. Internationale Teams entwickeln somit ein besseres Gespür füreinander und sind um ein Vielfaches erfolgreicher.

💬 **Ohren auf**

Wir können nicht einfach erwarten, dass unser Verständnis von Projektmanagement auch in anderen Kulturen zielführend ist. Und keineswegs sollten wir gekränkt sein, wenn es nicht so klappt, wie wir es uns vorgestellt haben. Damit würden wir nur zeigen, wie sehr wir unter Druck stehen. Wer möchte einem anderen derlei Einblicke gewähren? Wer stattdessen interkulturelle Kompetenz beweist, wird erfahren, wie gut es mit den Nachbarn weltweit klappt!

12
Die hohe Kunst, zwischen den Zeilen zu lesen

Zustimmung drücken wir also am besten aus mit:

- *Fantastic – what a great idea*
- *Great Job!*
- *Yes, it is marvellous*
- *That's just what I was thinking*
- *I could not agree more!*

Gelegentlich sind wir gezwungen, die Zusammenarbeit für ein Projekt aufzukündigen oder zumindest eine andere Meinung zu vertreten. Wie agiert man da am besten auf dem internationalen Parkett?

Dass Eskimos unzählige Wörter für Schnee haben, ist ein Mythos, der sich hartnäckig hält. Was tatsächlich stimmt, ist: In sämtlichen eskimo-aleutischen Sprachen reicht in der Regel ein Wort aus, wenn im Deutschen mehrere notwendig sind, so etwa für »frisch gefallenen Schnee« oder »Schnee, der tagsüber in der Sonne geschmolzen und abends wieder gefroren ist«. Bei dem Wort »Nein« verhält es sich ein wenig anders, da benutzen wir Deutsche gern dieses eine Wort, um etwas sehr direkt abzulehnen. Wir sagen Nein und meinen auch Nein. Der Rest der Welt bevorzugt jedoch ein Nein in unzählig vielen, subtilen Varianten. Was zur Folge hat, dass wir ein Nein oft gar nicht hören, wenn es sehr vorsichtig ausgedrückt wird:

- *I see what you mean, but ...*
- *You are quite right, but ...*
- *Yes, that's quite true, but ...*
- *Yes. It's ok, but I don't think it is as good as ...*
- *Well, you have a point there, but ...*

Diese *But*-Sätze bedeuten ein klares Nein. Wir Deutschen missverstehen sie gerne, für unsere Ohren klingen solche Sätze, die mit einem *but* daherkommen, fast wie ein Ja. Wir denken: Ah, da geht ja noch was. Und sind völlig irritiert, wenn dann doch nichts mehr geht. Für uns ist es verwirrend, dass Ablehnung erst im Nebensatz mit einem *but* eingeleitet wird. Unser Nachbar möchte uns mit dem so formulierten Nein Respekt und Anerkennung zollen. Dennoch beharrt er auf seinem Nein, aber mit dem charmanten Hinweis: »Auch wenn ich Nein sage, sehe ich dich dennoch als Person.«

Wir hingegen präferieren ein klares, schnörkelloses Nein, womit wir international allzu schnell an Boden verlieren oder gar auf Granit stoßen. Für unser Gegenüber ist ein direktes Nein verletzend, für ihn stehen die Zeichen somit auf Konfrontation. Damit wir den anderen vor einem Gesichtsverlust bewahren, gibt es nur die eine Chance: Das, was wir selbst nicht hören, sollten wir trotzdem in unsere Sprache aufnehmen. Keine leichte Sache. Dennoch, wenn Sie sich mit den folgenden Sätzen anfreunden, halten Sie gerade bei schwierigen Verhandlungen und Auseinandersetzungen das Steuer sicher in der Hand. Deshalb übernehmen Sie aktiv:

- *I see what you mean, but ...*
- *You are quite right, but ...*
- *Yes, you have a point there, but ...*

Hatten Sie bis dato *but* nicht als Ablehnung erfasst, weil es Ihnen zu subtil, zu weich war, wird Ihr Gesprächspartner im nächsten Schritt sein Nein noch klarer formulieren:

- *I don't see what you mean, I am afraid ...* (in der vorherigen Stufe war es *I see what you mean* gewesen)
- *Perhaps, but don't you think ...*

So drückt man ein unverrückbares Nein aus, ohne es direkt auszusprechen. Damit ist gesichert, dass beide Dialogpartner ihr Gesicht wahren.

Ein weiterer Schritt schließlich, eine dritte Stufe, ohne ein Nein zu verwenden, gleichsam ein *game over*, ist:

- *I can't agree with you there.*
- *I am not sure, I quite agree (game over* der arabischen und asiatischen Welt*).*

Da wir deutschen Muttersprachler diese Wendung wortwörtlich mit »Ich bin mir da nicht sicher« übersetzen, ist dieses asiatische und arabische »Supernein« für uns eine besondere Falle. Zum Thema Nein hat auch Johannes, ein Kunde, der als Hersteller von Windkonvertern auf der ganzen Welt unterwegs ist, seine Erfahrungen gesammelt. Eine englische Firma hatte Interesse an seiner Windkraftanlage gezeigt. Nach monatelangen Verhandlungen fiel die Entscheidung gegen Johannes' Anlage. Offensichtlich hatte er die subtilen Absagen seiner potenziellen Kunden nicht verstanden. Er wähnte sich kurz vor der Vertragsunterzeichnung, Stunde um Stunde verging, doch jedes *but* oder *perhaps* wurde von Johannes überhört. In ihrer Not – die Engländer waren inzwischen recht konsterniert – fragten sie fast peinlich berührt:

- *What part oft the word* no *don't you understand? – Welchen Teil des Wortes Nein haben Sie nicht verstanden?*

Jetzt endlich saß es.

Kritik – das ist ebenfalls so ein heikler Punkt. In den meisten Ländern hat eine unmittelbar ausgesprochene Kritik die Konnotation: Das ist so was von unfreundlich! Letzteres musste auch der Zahnarzt Robert erfahren. Schon als Teenager hatte er von einem Leben an der amerikanischen Westküste geträumt. So begann er seine Karriere bei einer renommierten Zahnklinik in Los Angeles. Besonders angetan war der Göttinger von der Offenheit und Hilfsbereitschaft der Kollegen. Schnell fühlte er sich integriert. Kollege John, dessen Vorfahren aus Frankfurt am Main stammten und der sich deshalb besonders an Deutschland interessiert zeigte, half ihm von der Wohnungssuche bis zum Behördenpapierkram. Die beiden jungen Männer verbrachten viel Zeit miteinander, und Robert war angekommen in der Stadt seiner Träume.

Bis zu jenem Tag, an dem ihn John mit den Worten »Der Wilde Westen lebt« zu einem Rodeo mitnahm. Bis dato hatte Robert nur ein Puzzleteil des American Way of Life kennengelernt: die superschicke Klinik, in der sogar Hollywoodstars ein und aus gingen, ein Amerika, das clean, politisch überaus korrekt sowie gesundheitsbewusst war. Die Leute praktizierten Yoga, verbrachten viel Zeit im Sportstudio und tranken Smoothies. Alkohol hatte Robert schon länger nicht mehr zu sich genommen.

Nun aber brachte ihn John mit etwas in Berührung, das ihm mehr als fremd war. Mit jenen Klischees, die mit dem Wilden Westen aus den Tagen der Pionierzeit verbunden sind: Freiheit, Männlichkeit, Draufgängertum, Bullenreiten, Lassowerfen, Schweiß und Saufen bis zum Umfallen.

Bier und Whisky flossen reichlich, so hatte Robert, nach Wochen der Gemüse-Smoothies, ungewohnt schnell einen im Tee. Als er dann den sehr viel trinkfesteren John voller Enthusiasmus fragen hörte: »Und, wie findest du das hier?«, war die Zunge des Göttingers bereits schwer, und so lautete seine kurze wie bündige Antwort: »Primitiv, oder?«

»Na, dann lass uns gehen«, forderte ihn sein Freund auf.

In seiner Whiskyseligkeit nahm Robert nicht wahr, dass Johns Gesicht Bände sprach.

Seit jenem Abend war der amerikanische Kollege wie vom Erdboden verschluckt. Er meldete sich nicht und ignorierte

Roberts Kontaktversuche. Was war passiert? Robert wusste sich keinen Rat und fragte deshalb Max, einen weiteren Assistenzarzt.

»Wie geht es John? Ich komme gar nicht mehr an ihn heran. Kannst du mir sagen, was los ist?«

»Du musst ihn sehr verletzt haben«, meinte Max.

»Verletzt?« Robert war verwirrt.

»Denk mal nach – was habt ihr beide zuletzt unternommen?«

Robert fiel das Rodeo ein. Hatte er John so nachhaltig gekränkt, weil er keinen Gefallen an Cowboys gefunden hatte? Ging ihm deswegen der neue Freund aus dem Weg?

»Du hast ihn kritisiert. Hast du das Rodeo nicht als primitiv bezeichnet?«, hakte Max nach.

Robert nickte verdattert. John musste seinem Kollegen detailliert berichtet haben, was geschehen war.

»Unser John ist so verstimmt, weil du mit der abfälligen Bemerkung über die von ihm ausgesuchte Location auch ihn kritisiert hast. Darf ich dir einen Tipp geben? Unabhängig davon, ob du zu einem Trinkgelage oder in ein Luxusrestaurant mitgenommen wirst – wenn du dich nicht wohlfühlst, sag es das nächste Mal durch die Blume«, schlug der Kollege vor.

»Und wie mache ich das?«, fragte der Deutsche.

»*Thanks for taking me here. This is great and what are we up for next?*« Max lächelte und verschwand in seinem Behandlungsraum.

Robert hatte seine Lektion gelernt.

Wir Deutschen reagieren in ähnlichen Situationen anders. Gesteht ein Kollege oder ein Freund: »Entschuldigung, sei mir nicht böse, aber das Lokal hier ist so überhaupt nicht meins«, sind wir für diese Ehrlichkeit eher dankbar. So wissen wir, woran wir sind.

In den USA und in vielen anderen Ländern der Welt ist man vorsichtiger: John fühlte sich persönlich als »primitiv« abgewertet. Letzteres war leider das vorzeitige Ende der gerade begonnenen Freundschaft.

Auch bei der Bewertung oder dem Feedback zu Meinungen – selbst auf der Expertenebene – kommen wir mit etwas Fingerspitzengefühl um ein Vielfaches weiter. Die bei uns so geschätzte konstruktive Kritik scheint eine urdeutsche Tugend zu sein. Vielleicht hilft es uns, wenn wir uns regelmäßig daran erinnern, dass unsere Nachbarn nicht so klar zwischen der Fach- beziehungsweise Sachebene und der Person trennen. Eine Kritik an einer Äußerung, einer Leistung oder an einem Projekt wird schnell mit der Kritik am damit verbundenen Menschen gleichgesetzt.

Nutzen Sie, wenn Ihnen Studien, Markforschungsanalysen, Statistiken oder Strategien vorgeschlagen werden, die für Sie oder auf dem deutschen Markt generell nicht funktionieren, folgende Wendungen:

- *Your proposals/studies/findings were such an inspiration. I learnt a lot. Thank you for sharing. Our analysis/experience/findings suggest a different* – noch besser: *an additional* – *perspective.*

Wenn ein Projekt und das Projektmanagement nicht so gelaufen sind, wie wir uns das wünschten, ist es in Deutschland angemessen, die Dinge klar beim Namen zu nennen: »Das nächste Mal müssen wir uns besser vorbereiten. Das Korrigieren unserer Fehler hat uns zu viel Zeit und Geld gekostet.« International sollten Sie lieber folgende Formulierung benutzen:

- *You are such a skilled project manager, what is your learning for future projects, where do you see room for improvement?*

Anstatt klar darauf hinzuweisen, dass Dinge schiefgelaufen sind, verwendet man die Floskel *room for improvement*, um künftige Projekte erfolgreicher zu gestalten. Statt mit »Hat uns Zeit und Geld gekostet« den Verlust von Ressourcen zu unterstreichen, holt man international mit folgender Frage Verbesserungsvorschläge ein:

- *How can we save time and costs in the future?*

»Ach, bei uns läuft alles bestens! Wir bekommen nie Kritik«, höre ich oft von deutscher Seite. Beim Nachhaken wird dann schnell klar, dass Kritik international so subtil formuliert wird, dass sie von uns als solche nicht verstanden wird.

Vorsicht! Ausdrücke wie die oben erwähnte Floskel *room for improvement* oder *What is your learning ...?* und *How can we save ...?* kommunizieren die Unzufriedenheit der anderen Seite. Wenn international so klar auf Missstände hingewiesen wird, dass es selbst bei uns ankommt, kann es oft schon viel zu spät sein.

Zum Thema »Nicht alles beim Namen nennen« sollte der bereits erwähnte Robert noch weitere Erfahrungen machen. Mittlerweile führte er seine eigene Praxis in Los Angeles. Als es ihn irgendwann zurück nach Deutschland zog, bot er die Räumlichkeiten zum Verkauf an. Ein Interessent war schnell gefunden, die beiden wurden handelseinig. Alles schien geklärt, nur der Vertrag musste noch unterschrieben werden. Sie vereinbarten einen Termin für zwölf Uhr mittags.

Robert wartete. Halb eins, eins, halb zwei. Die Zeit verstrich, sein Käufer erschien nicht. Ab vierzehn Uhr telefonierte der Deutsche seinem Vertragspartner erfolglos hinterher. Was war dazwischengekommen? War dem Mann etwas passiert? Endlich um sechzehn Uhr konnte Robert erleichtert aufatmen, als er am anderen Ende der Leitung die Stimme seines vermeintlichen Nachfolgers hörte. Sie klang vollkommen unversehrt. Verdutzt machte Robert den Anrufer auf den geplatzten Termin aufmerksam und erhielt die Antwort:

»*I have second thoughts* – ich bin unsicher geworden, ich denke noch nach.«

Robert, der am selben Abend in ein Flugzeug Richtung Heimat steigen wollte, verstand und reagierte sofort:

»Okay, ich kann Ihnen anbieten, den Verkaufspreis um 10 000 Dollar zu reduzieren.«

Binnen einer halben Stunde war der Käufer nicht nur in der Praxis, sondern hatte auch den Vertrag unterschrieben.

Wie hätten wir in dieser Situation an der Stelle des Interessenten agiert? Mit großer Wahrscheinlichkeit sehr viel direkter. Wir hätten Robert angerufen und ihm zu verstehen gegeben: »Wissen Sie was, ich finde den Preis doch etwas zu hoch.

Zudem drängt meine Bank auf einen Preisnachlass. Was halten Sie von ...«

In anderen Kulturen werden potenziell unangenehme Situationen eher umschifft. Zur Not bleibt man der Verabredung fern.

Im Rahmen seines Praxisverkaufs hatte Robert Telefonate geführt, bei denen schnell klar wurde, dass sich die Interessenten seine Praxis bereits angesehen hatten, ohne sich zu erkennen zu geben. Am Ende der Gespräche verabschiedeten sich diese Anrufer schließlich mit einem: *Great, I love your practice. I will call you back!*«. Zu Roberts Verwunderung blieben diese Rückrufe aus.

Ein deutscher Interessent hätte eher den Dialog gesucht: »Ich habe mir Ihre Praxis bereits angeschaut, sie gefällt mir ausnehmend gut, folgende Faktoren lassen mich aber noch zögern, was können wir da tun?«

In anderen Kulturen werden die fraglichen Punkte nicht unbedingt offen ausgesprochen, denn Sie könnten als Kritik verstanden werden.

Noch ein Klassiker, der bei uns immer wieder falsch verstanden wird und Vorgesetzte anderer Nationalitäten verärgert. Sagt zum Beispiel ein Projektleiter:

- *Could you* – oder: *Do you want to do this before Wednesday?*,

ist ein Deutscher leicht geneigt, das als eine Option aufzufassen. Vorsicht! Hier wird keine Wahl, sondern ein klarer Arbeitsauftrag gegeben.

Letzteres gilt ebenso für die so ungemein höflich klingende Anweisung:

- *You might want to do this?*

Wer nun denkt, der Kelch könnte an einem vorübergehen oder man habe eine Entscheidungs- oder Prioritätenfreiheit, täuscht sich gewaltig. Hier wird die unzweideutige Anweisung »Bitte übernehmen Sie!« kommuniziert. Der Chef eines international tätigen Unternehmens wird zwar wegen der global vorherrschenden Konsensorientierung hinsichtlich der Etikette ein *you might* wählen, doch jeder versteht das als einen klipp und klar ausgesprochenen Arbeitsauftrag.

Fragt ein deutscher Vorgesetzter zwecks einer weiteren Aufgabenanforderung nach: »Ist das überhaupt Ihr Aufgabengebiet, passt das denn noch in Ihr Pensum, können Sie das wirklich übernehmen?«, dann hat der Angesprochene tatsächlich eine Alternative: Er kann, ohne verletzend zu wirken, Nein sagen. Eine von einem deutschen Vorgesetzten formulierte Frage ist auch als solche zu verstehen.

Forouzan, eine Iranerin, die glücklich mit Martin, einem Deutschen, liiert ist, staunt immer wieder, wie schnell wir Entscheidungen – auch für andere – treffen.

Das Wochenende steht an, und wie bei allen anderen Paaren taucht die Frage auf: »Was machen wir an diesen beiden Tagen?« Forouzan wurde beigebracht, sich erst einmal vorzutasten, wie sich der andere fühlt, woran er Freude haben könnte. »Ich stamme aus einer stark konsensorientierten Gesellschaft, wir tauschen uns intensiv, jedoch vorsichtig aus.

Gemeinsam finden wir heraus, was allen guttun könnte. Ein Alleingang – also, ich will am Wochenende a, b oder c – wäre egoistisch«, erklärt sie. Für Martin dagegen bedeutet, Pläne oder Wünsche nicht klar und eindeutig zu kommunizieren, weder Pläne noch Wünsche zu haben. Wenn seine Liebste anscheinend nicht so recht weiß, was sie will – denn sie sagt ja nichts –, übernimmt er in der allerbesten Absicht die Wochenendplanung. Noch immer irritiert das seine Freundin. Nach all den Jahren.

»Schnell eine Meinung oder einen Plan zu haben und dies dezidiert zu äußern, scheint in eurem Land eine geschätzte Tugend zu sein. Aber wie kann man zu einer Meinung oder einem Plan gelangen, ohne sich vorher intensiv darüber auszutauschen? Das werde ich nie nachvollziehen können«, wundert sich Forouzan.

Ein ähnliches Feedback habe ich von international tätigen Geschäftspartnern erhalten, sie sagten mir: »Wenn man Deutschen nicht sofort einen Plan präsentiert, sind sie schnell verunsichert. Ähnlich, wenn von ihnen eine Idee präsentiert wird und man nicht gleich mit einem Nein oder einem Okay reagiert. Wartet man ab, weil man erst mal in Ruhe alle Vor- und Nachteile mit anderen besprechen will, übernehmen sie sofort das Steuer, weil sie der Ansicht sind, man würde keine eigene Meinung gegenüber dem dargestellten Sachverhalt haben. Oder man hält uns für langsam, das wäre dann die andere Variante.«

Forouzan hat noch etwas an uns beobachtet. Sie meint, die vielen schnellen Jas und Neins, die sie von uns hört, kämen ihr sehr *selfish* vor, mithin egoistisch, wenn nicht sogar selbstsüchtig. Als ich das hörte, war ich im ersten Moment schockiert. »Wieso *selfish*?«, fragte ich sie konsterniert. »Wie meinst du das?«

»Man stellt sich doch in den Mittelpunkt, wenn man mit einer unmittelbaren Reaktion die Blicke der anderen auf sich zieht.«

Ich überlegte einen Augenblick, ob das, was Forouzan mir zu verstehen gab, wirklich stimmte, und kam zu dem Schluss, dass sie von den vielen Jas und Neins einen falschen Eindruck gewonnen hatte. Und das sagte ich ihr auch.

»Das ist nicht so gemeint, es liegt an unseren kulturellen Traditionen, dass wir mit Entscheidungen nicht lange herumfackeln.«

Forouzan war nicht wirklich von meiner Aussage überzeugt, denn sie legte nach: »Und diese ewigen Stellungnahmen zu dieser und jener Sache, das nehme ich schon als sehr eigennützig wahr.«

»Weißt du, Forouzan«, versuchte ich es anders, »es gehört zu unserer deutschen Teamkultur, dass der eine das sagt und der Nächste womöglich direkt widerspricht. Und am Ende kommen wir auf diese Weise zu einer Entscheidung, die wir als mehrheitsfähig akzeptieren. Das ist letztlich unsere Vorstellung von Demokratie.«

»Ich glaube, das würde mich überfordern.« Forouzan schüttelte den Kopf. »Wir gehen von Anfang an von einem Wir bei unseren Überlegungen aus, das Ich steht nicht im Zentrum.«

Ich musste daran denken, dass Deutsche immer mal wieder verunsichert sind, wenn sie es mit Schweizern zu tun haben. Schweizer neigen dazu, mit einem Wir zu argumentieren, ohne dass klar wird, was der Einzelne denkt. Oder anders gesagt: Sie benutzen das Wir, obwohl sie eigentlich ein Ich meinen.

Wir kommen damit nicht ganz so leicht zurecht. Und umgekehrt ist das selbstverständlich genauso. Wie oft fragten mich bereits Schweizer, Amerikaner oder auch Araber: »Warum benutzen die Deutschen kein Wir?«

Ich antwortete dann: »Für Deutsche ist dieses Wir der Pluralis Majestatis der Inbegriff einer sehr unhöflichen Kommunikation.« Danach erklärte ich ihnen die Funktion des Pluralis Majestatis. Könige und kirchliche Autoritäten haben mittels eines solchen Wir vorgeblich für ihre Untertanen gesprochen, damit jedoch im Grunde genommen vor allem die eigene Machtposition betont.

»Aber bei unserem Wir geht es nicht um Macht, sondern um das Team. Warum können Deutsche nicht über sich als Teil eines Teams reden?« Die Gegenseite ließ meist nicht locker.

»Tun sie doch«, erwiderte ich. »Im Teamverständnis von Deutschen kommt es auf jede einzelne Meinung an. Das Summieren von Einzelmeinungen ist unsere Art des Konsenses.« Wieder einmal verteidigte ich meine Landsleute. »Würde ich etwa sagen: ›Wir haben diesen und jenen Punkt beschlossen‹, hätte ich in der nächsten Sekunde alle anderen in einer Gruppe gegen mich.«

»Aha.«

Ohren auf

Wir Deutschen sind keine fremden Wesen von einem fernen Planeten, wir kommunizieren nur anders. Wir können uns aber auf gleicher Ebene mit den anderen bewegen, wenn wir etwa ein Nein so formulieren, dass wir es nicht direkt aussprechen, sondern in ein but *oder* perhaps *kleiden. Das sind lediglich kleine Änderungen, mit denen Sie eine enorm große Wirkung erzielen.*

13

Zum Schluss der gemeinsame Genuss

Kulturelle Missverständnisse tauchen natürlich immer dann auf, wenn wir sie gar nicht gebrauchen können. Wenn wir uns etwa entspannen wollen, wenn wir mit Freunden, Kollegen oder Geschäftspartnern feiern möchten. Der Gastgeber lädt zum Essen in jenem wunderbaren Lokal ein, das man ganz einfach besucht haben muss. Ein solcher Abend kann ein großartiges Erlebnis werden, birgt allerdings auch Potenzial für das eine oder andere Fettnäpfchen.

Die folgende Szene erlebte ich in Spanien; als zuständige Dolmetscherin hatte man mich gebeten, an dem Abschlussessen teilzunehmen. Das Meeting tagsüber war perfekt gelaufen, aus Erfahrung wusste ich, dass der Spanier für den Abend ein besonders gutes Restaurant auswählen würde. Mit Sicherheit würde der Gastgeber dort als VIP behandelt, mit Handschlag begrüßt, zum besten Tisch gebeten – Chefbehandlung eben. Idealerweise speisten zeitgleich viele seiner Bekannten, die nach und nach an den Tisch kamen, um ihn zu begrüßen. Ein

Ritual, das in vielen Kulturen wichtig ist im Sinne von: »Schaut her, ich bin hier wer.«

In Deutschland ist diese Form des Statusdenkens im Business eher eine nette Nebensächlichkeit, wird unter Umständen sogar als lästige Unterbrechung empfunden, da wir dadurch abgelenkt werden und uns weniger auf unser Gegenüber und die Inhalte konzentrieren können. Im Privatbereich allerdings kann es auch unserem Ego und Image schmeicheln, im Restaurant bekannt zu sein.

Als Dolmetscherin wurde ich in die unmittelbare Nähe der beiden Geschäftspartner gesetzt. Der Deutsche, ein Bremer, erklärte mir, er wolle schnell noch ein paar abschließende Punkte ansprechen, möglichst vor der Vorspeise, damit man danach in Ruhe essen könne. Da war sie wieder, die berühmte deutsche Tugend: Erst die Arbeit, dann das Vergnügen. Dabei ging mein Landsmann so eifrig vor, dass ich ihn nicht mehr warnen konnte. In südlichen Ländern verhält es sich umgekehrt. Selbstverständlich will man auch hier noch die verbliebenen offenen Fragen besprechen, aber vorrangig soll erst einmal gut gegessen werden. *Entre le poire et le fromage* – so lautet das berühmte Bonmot der Franzosen. Erst zwischen Obst und Käse ist für Geschäftliches Platz.

Offensichtlich war dem Bremer diese südländische Etikette nicht bekannt, sonst hätte er seinen Vorschlag über das »schnelle« Abhaken der letzten To-dos gar nicht gemacht. So allerdings hob sich der Vorhang zum Kammerspiel *Lost in cultural decoding*.

Wer in Spanien einlädt, wünscht sich, mit steigender Begeisterung gewürdigt zu werden. Das fängt bei der Auswahl des Menüs an: »Diese unglaubliche kulinarische Raffinesse, die Sie dabei an den Tag legen«, und hört bei Entscheidungen für gewisse Weine noch längst nicht auf. In gefühlten Endlossätzen schwärmte auch dieser spanische Geschäftsmann seinem deutschen Partner von dem einzigartigen *jamón ibérico* vor. Dieser luftgetrocknete Schinken stamme von keinem ordinären Hausschwein, sondern von einem besonderen Exemplar dieser Gattung, dem Ibérico-Schwein, auch schwarzes Schwein genannt, weil es gegenüber den anderen Rassen eine viel dunklere Farbe habe. Aber der *jamón ibérico*, den der *patrón* dieses Lokals seinen Gästen serviere, sei nicht von irgendwelchen schwarzen Schweinen, sondern er würde die Tiere noch im Zustand größter Lebendigkeit höchstpersönlich aussuchen.

Kleine Schweißperlen bildeten sich auf der Stirn des Bremers – angesichts dieser kulinarisch-kulturellen Ausführungen stand er eindeutig unter Stress. Auch den Aperitif, einen heimischen Brandy, konnte mein Landsmann sichtlich nicht genießen, er musste ja noch alles abhaken, bis er diesen sensationellen Schinken würdigen konnte.

Wie gern hätte ich ihm »Vergessen Sie es, das Geschäft kommt frühestens beim Dessert ins Spiel« zugeflüstert. Doch der Bremer blieb im Arbeitsmodus und versuchte es erneut: »Ja, der Schinken ist bestimmt sehr lecker, aber worüber wir heute tagsüber sprachen ...«

Der Spanier wurde zunehmend wortkarg. Kein gutes Zeichen. Diese Stille interpretierte der Mann aus dem Norden leider falsch. Ihm schien der Moment gekommen, endlich die Last seiner unbedingt noch anzusprechenden Punkte loszuwerden. Als wenig später die Vorspeise aufgetragen wurde, der wunderschön glänzend marinierte Schinken, sah es fast so aus, als kippe die Stimmung. Das wollte ich auf keinen Fall, rasch machte ich dem Bremer unmissverständlich klar, es sei jetzt absolut nicht der richtige Zeitpunkt, über das Geschäftliche zu reden, er solle lieber warten, bis der *jefe* davon anfange. Der Wink wurde sofort verstanden und befolgt – immerhin waren wir zwei Deutsche, die direkt und in aller Deutlichkeit miteinander kommunizieren konnten, ohne dadurch Regeln der Höflichkeit zu verletzen.

Mein Landsmann ließ sich nun in seinen Stuhl zurückfallen – sein oberster Hemdknopf und der Krawattenknoten schienen sich zu lösen. Keinesfalls wollte er den geschlossenen Deal gefährden. Er tanzte eine Runde nach der anderen unter der Regie des Spaniers mit, lobte dessen Kenntnisse, stellte die richtigen Fragen zu den kulinarischen Höhepunkten der spanischen Küche – es war, als hätte man bei ihm einen Schalter umgelegt. Beim Dessert, einem köstlichen Karamellflan, hatte der Deutsche den Punktekatalog schon fast vergessen, als der Spanier ihn jetzt zielstrebig mit jedem Löffel abzuhaken versuchte. Ende gut, alles gut.

Was uns bei internationalen Geschäften nicht minder Kopfzerbrechen bereiten kann, sind die Mittagessen mit Partnern aus anderen Kulturen. Kein Wunder. Bei uns soll es sogar oft genug vorgekommen sein, dass ein Unternehmen einen Bewerber ablehnte, nur weil er nach dem Mittagessen noch einen Espresso bestellte. Kein effektives Zeitmanagement, heißt es dann in der Begründung. Anderswo gilt ein Mittagessen mit allem Drum und Dran vor allem als Zeichen der Wertschätzung. Versuchen Sie, diese zu genießen, auch wenn Ihr Zeitplan damit passé ist.

- *Halten Sie die Stunden bei Speis und Trank mit einem Lächeln auf dem Gesicht aus. Zeigen Sie keine Schwäche, reagieren Sie nicht irritiert, wenn Ihr Gastgeber jeden vorbeikommenden Lokalbesucher überschwänglich begrüßt. Ihnen soll eben nicht allein kulinarisch, sondern auch ansonsten ein Schauspiel geboten werden.*

- *Wenn Ihr Gastgeber sich als wahrer Gourmet präsentieren möchte, gönnen Sie ihm diese Freude. Zeigen Sie Interesse an der Speisekarte, fragen Sie nach, was sich hinter für Sie unbekannten Gerichten verbirgt. Sie lernen dazu, und Ihr Gegenüber kann mit seinem Wissen glänzen. Damit heben Sie seinen sozialen Status. Honorieren Sie seine Rolle als geborener Gastgeber. Zeigen Sie Vertrauen und Anerkennung, indem Sie ihn um seine Empfehlung bitten. Idealerweise lassen Sie ihn bestellen.*

Haben Sie schon einmal Schweinskopf, Skorpion oder Qualle essen müssen? Nicht nur in China werden deutsche Geschäftsleute häufig mit exotischen Speisen konfrontiert, die ein gewisses Unbehagen hervorrufen können.

Ich erinnere mich an eine Situation, als ich nach einem abgeschlossenen Deal in einem Restaurant an einem runden Drehtisch Platz nehmen sollte. Man wies mir einen Stuhl zu, sofort wurden die Speisen aufgetragen, eine Platte nach der anderen – in China wird immer alles gleichzeitig serviert.

Noch konzentrierte ich mich aber nicht auf das, was vor mir auf dem Tisch stand – mein Blick fiel in dem eher steril möblierten Raum auf ein Aquarium. Es hätte mühelos mit einem großen Behältnis in einem Zoo konkurrieren können. Der Gast durfte sich hier »seinen« Fisch aussuchen, der dann in seinem Beisein gefangen, im Netz zappelnd zur Küche getragen und dort geschlachtet wurde – frischer ging es nimmer.

Meine Augen wanderten zurück zum Tisch. Ich konnte kaum glauben, was auf einem der großen Teller angerichtet war: eine undefinierbare Masse an Glibber. Quallen in Mengen, um es genau zu sagen. Iiieh, schrie es in mir, und in den Gesichtern der deutschen Geschäftsleute entdeckte ich ein ähnliches Entsetzen. Das sollten wir essen? Waren Quallen nicht giftig? Waren die Dinger vielleicht sogar roh?

Der Gastgeber fing nun an, gerade diese Quallen zu loben, das sei eine besondere Delikatesse, man hätte sie extra für uns zubereiten lassen. Was bedeutete: Davon musste gegessen werden, es gab kein Zurück, sonst würden nicht nur wir, sondern – und das wog schlimmer – unsere Gastgeber ihr Gesicht verlieren. Mit einem opulenten Essen bringen die Chinesen ihre besondere Wertschätzung zum Ausdruck. Sie stellen häufig eine besondere Speise heraus, sie ist sozusagen der Star unter den Gerichten auf dem überfüllten Drehtisch. Für diese Delikatessen greifen sie auch tief in die Tasche. (Nach dem Essen erfuhr ich, dass allein die Glibbertiere mehr kosteten, als einer der anwesenden chinesischen Gastgeber im Monat verdiente.)

Jetzt also war es nach Suppenkasper-Art nicht mehr möglich zu sagen: »Ich esse meine Qualle nicht.« Die hübsch lackierten Stäbchen winkten schon, um das Glibberzeug in die Zange zu nehmen und Richtung Mund zu führen. Ich schielte nur auf den Tee, den ich gleich danach trinken wollte. Runter damit, nachspülen. Es war dann am Ende gar nicht so schlimm.

Wer eine begrenzte Neugierde auf derlei kulinarische Abenteuer verspürt, sollte bei Geschäftsessen in China folgenden Rat befolgen:

- *Nie beim Essen eine landesübliche Kostbarkeit verweigern, sondern besser im Vorfeld verkünden: »Ich esse keinen Fisch«, »Ich esse keine Schlange«, »Ich esse keine Skorpione«. Als Begründung geben Sie an: »Ich habe eine Allergie dagegen.«*

Ob das nun stimmt oder nicht, ist völlig egal. Mit einer Allergie sind Sie aus dem Schneider, weil Sie so dem Gastgeber eine »gesichtswahrende« Erklärung an die Hand geben.

Eine wahre Begebenheit, die eine Kollegin von mir in Asien erlebte, vergesse ich nie. Ihr deutscher Kunde sollte ein Stück Schlange verspeisen – und konnte es nicht. Sein Hals zog sich zusammen, wurde enger und enger, krampfhaft suchte er nach einer Ausrede, warum er diese angepriesene Delikatesse nicht in seinen Magen befördern konnte. Endlich hatte er eine gefunden, dankbar sah er sich die vielen Wirbelknochen an, und erleichtert sagte er: »Es tut mir leid, ich kann die Schlange nicht kauen, mich quälen große Zahnschmerzen.« Mitfühlend sah ihn sein Gastgeber an, nahm die Schlange vom Teller des Deutschen, kaute sie Stück für Stück vor, um sie dann als Kaubrei seinem »deutschen Freund« wieder auf den Teller zu legen. Nun gab es keinen Ausweg mehr für unseren Landsmann. In der arabischen und asiatischen Welt genießt wenig einen höheren Stellenwert als eine herausragende Gastfreundschaft, was diese zu einer Frage der Ehre macht.

Die Geschichte trug sich vor ungefähr zwanzig Jahren zu, heute würde man zu dieser fragwürdigen Methode des Kleinbeißens wohl nicht mehr greifen, sondern die Schlange zurück in die Küche geben mit der Bitte, sie in einem Mörser zu zerkleinern.

Noch ein Tipp, den ich deutschen Geschäftsleuten mit auf den Weg gab, wenn ich in Ländern dolmetschte, in denen ein Essen unweigerlich mit Hochprozentigem verbunden ist. Wer bei Alkohol nicht mithält, hat in trinkfreudigen Kulturkreisen schnell den Ruf weg, ein Weichei zu sein. Und wer möchte schon als ein solches gelten? Aber noch entscheidender ist, für die Verhandlungen einen klaren Kopf zu behalten.

- *Sagen Sie deshalb: »Leider muss ich gerade Medikamente nehmen, bei denen es nicht erlaubt ist, Alkohol zu trinken. Ich bin aber gern bereit, mit einem kleinen Schluck mit Ihnen anzustoßen.« Und auch hier gilt: das dem Gastgeber mitzuteilen, bevor die Bestellung aufgegeben wird und die komplette Tischgesellschaft versammelt ist.*

Zum Schluss noch eine schöne Geschichte, die sich ebenfalls ums Essen dreht:

Deutsche lieben, wenn sie denn Englisch sprechen, die *ing*-Form. Dabei beinhaltet sie, was gern übersehen wird, ein »Gerade«. Sagt man: »*I am living in Lübeck*«, bedeutet das, dass man gerade in Lübeck lebt. Und erklärt man: »*I am working* für Mercedes«, dann ist damit gemeint, dass man gerade für Mercedes arbeitet. Bei der inflationären Verwendung von *ing* seitens der Deutschen kann es da nur allzu leicht zu Missverständnissen kommen.

So geschehen bei einem distinguierten Hamburger Kaufmann, Herrn Krüger, als wir seinen Melbourner Kunden vom Flughafen Fuhlsbüttel abholten. Schon als der Australier die Ankunftshalle betrat, war nicht zu übersehen, dass er ein *meat and potatoe man* war, also gern aß und niemals einen Bogen um ein schönes Steak machte. Sofort nach der Begrüßung betonte er: »Ich habe einen Riesenhunger, das Essen im Flieger war eine Katastrophe.«

Statt in die Firma zu fahren, ging es zum Hamburger Hafen in ein traditionelles hanseatisches Lokal mit traumhaftem Blick auf die Elbe. Auf Empfehlung von Herrn Krüger, der selbst dieses Gericht wählte, entschied sich der Herr aus Down Under für Züricher Geschnetzeltes. Da ihm das Essen so mundete, bestellte er gleich noch eine zweite Portion. Natürlich wusste Herr Krüger, dass er während des Essens nicht mit seinem Kunden über Geschäfte reden sollte, was ihm sichtlich schwerfiel. Seine Firma, sein Beruf waren seine Leidenschaft.

Angestrengt wandte er sich an mich auf der fast verzweifelten Suche nach Unterhaltendem. Endlich las ich Erleichterung in seinem Gesicht. Strahlend ließ Herr Krüger seinen Gast wissen: »*I am having dogs.*« Augenblicklich hörte sein Gegenüber zu essen auf. Kein Wunder: »*I am having pizza, I am having pasta ...*« beschreibt, was man gerade isst. So fragt etwa die freundliche Stewardess im Flieger: »*Are you having the chicken or the pasta?*«

Auf der Stirn unseres Gastes bildeten sich Schweißperlen. Offensichtlich aßen Herr Krüger und er gerade Hund, dieses kleinteilige Fleisch in der Sahne-Weißwein-Sauce war letztlich nicht identifizierbar. Es schien den armen Australier zu würgen. Herr Krüger blickte ihn verständnislos an, denn er hatte von seiner zweiten Leidenschaft neben seiner Firma gesprochen: seinen Hunden. Still lächelte ich in mich hinein, kaum ein Hund konnte es besser haben als die von Herrn Krüger, nicht im Traum käme er auf die Idee, ihnen auch nur ein Härchen zu krümmen. Aber das konnte unser Gast nicht einmal erahnen.

💬 Ohren auf

Kennen Sie dieses kleine knackende Blechspielzeug; Frösche, Marienkäfer, Enten, auch Krokodile, die ihr Maul so herrlich aufreißen, und mit einem Klick ist es wieder zu? Ich habe ja angeführt, dass die Kommunikation international gut klappt, wenn sie emotional und empathisch ist, wenn sie gehirnfreundlich verläuft. Reptiliengehirnkonform. Als letzten Tipp kann ich Ihnen nur eines mitgeben: Kaufen Sie sich ein kleines Knackkrokodil, es passt in jede Tasche. Sind Sie als Gruppe unterwegs, wo auch immer in der Welt, dann klicken Sie sich an, wenn Sie mal wieder zu sehr ins Tüftel-Deutsch verfallen. Meine tschechischen Seminarteilnehmer klicken sich übrigens an, wenn sie merken, dass sie in der Kommunikation mit Hamburg mal wieder zu schwammig werden.

All is well that ends well

Words can break or make you – Worte sind alles oder nichts. Dabei vergessen wir schnell, welche Macht von dem gesprochenen Wort ausgeht. Mit Worten können wir einen anderen Menschen verzaubern, ihn aber auch irritieren. Nicht immer ist uns bewusst, dass unser Gegenüber uns aus vielerlei Gründen nicht so verstehen kann, wie wir uns dies wünschen. In diesem Buch habe ich versucht, genau diese Missverständnisse darzulegen.

Die Welt, die wir mit vielen teilen, wird von jedem von uns anders wahrgenommen. In meinen Seminaren lasse ich die Teilnehmer jeweils ein Blatt Papier zusammenrollen, danach schauen alle wie bei einem Fernrohr durch die Öffnung – im selben Moment sieht jeder etwas anderes: das Auge des Gegenübersitzenden, den Aufdruck eines T-Shirts, meinen Computer, den ich für die Präsentation benötige, den Himmel durch das Fenster des Seminarraums. Ähnlich funktioniert es mit Sprache. Auch hier gibt es verschiedene Blickwinkel. Dabei helfen wir uns, wenn wir akzeptieren, dass es kein Richtig oder Falsch, sondern lediglich ein »Anders« gibt. Gerne zitiert meine Mutter den weisen Spruch: Wir leben alle unter demselben Himmel, aber jeder von uns hat seinen eigenen Horizont. So wie jeder Seminarteilnehmer nur einen Ausschnitt des Seminarraums sehen kann, so hören wir jeweils das, was uns unsere Kultur zu hören gelehrt hat.

Gehörtes erreicht unser Gehirn zunächst ungefiltert. Dort wird es durch das limbische System gewichtet und gewertet. Diese Einordnung hängt von der jeweiligen kulturellen Prägung ab. Passt Gehörtes nicht in die gewohnten Muster, ertönen innere Alarmglocken. Nun ist ein gegenseitiges Verstehen erschwert.

Die in diesem Buch beschriebenen »Asse« helfen Ihnen, gehirnfreundlich zu kommunizieren. Vielleicht fragen Sie sich, warum Sie die Initiative ergreifen und sich bemühen sollten? Befreien Sie sich von diesem Denken, denn es verringert Ihre Chance – auch international –, so sympathisch und überzeugend rüberzukommen, wie Sie sich dies wünschen (und verdienen). Wenn sich Kommunikationspartner – unabhängig davon, wie hart bis kontrovers inhaltlich diskutiert oder verhandelt wird – respektieren und wertschätzen, bleibt der Austausch im Fluss. Sprache hat Magie! Erkennen und nutzen wir sie!

Deutschland weckt großes Interesse. Nicht nur weil wir ökonomisch und gesellschaftlich eine Menge auf die Beine gestellt haben und politisch eine zunehmend größere Rolle spielen, schaut die Welt auf uns. Wir werden geschätzt! Die Art und Weise, wie wir kommunizieren, kann im Ausland allerdings befremden bis verwirren. Die überwältigende Mehrheit der Weltbevölkerung nutzt Sprache als Tanz nach festen sozialen Regeln. Als Tanz, der näherbringen und Beziehungen schaffen kann.

Für uns »Tüftler« ist dieser Reigen der schönen Worte eher Zeitverschwendung. Wir lieben es unverschnörkelt, klar und direkt. Was in Deutschland als professioneller, effizienter Kommunikationsstil geschätzt wird, kann andere Kulturen überfordern und bewirkt dort das Gegenteil. Lernen wir – in diesen Zeiten des globalen Zusammenwachsens – vom Rest der Welt. Ein empathischer Umgang mit Sprache (auch in E-Mails und digitalen Medien) verschafft uns weltweit nicht nur mehr Gehör, wir machen uns damit die Ohren unserer Zuhörer zum Freund. Gönnen wir uns die Bestätigung, mit Vergnügen gehört zu werden. Schenken wir uns die Freude, durch den »Tanz der schönen Worte« unseren Horizont und unseren Freundeskreis zu erweitern.

Literatur

Anderlik, Heidemarie und Kaiser, Katja: Die Sprache Deutsch. Ausstellungskatalog des Deutschen Historischen Museums Berlin. Dresden 2009
Bandelow, Borwin: Das Angstbuch. Woher Ängste kommen und wie man sie bekämpfen kann. Reinbek 2004
Bandelow, Borwin: Wenn die Seele leidet. Reinbek 2010
Blaschka-Eick, Simone: In die Neue Welt. Deutsche Auswanderer in drei Jahrhunderten. Reinbek 2010
Havener, Thorsten: Ohne Worte. Was andere über dich denken. Reinbek 2014
Otte, Max: Amerika für Geschäftsleute. Das Einmaleins der ungeschriebenen Regeln. Frankfurt am Main/New York 1996
Schneider, Wolf: Der Mensch. Eine Karriere. Reinbek 2008
Thiele-Dohrmann, Klaus: Der Charme des Indiskreten. Eine Kulturgeschichte des Klatsches. Zürich/Düsseldorf 1995
Thomashoff, Hans-Otto: Ich suchte das Glück und fand die Zufriedenheit. Eine spannende Reise in die Welt von Gehirn und Psyche. München 2014

Dank

Allen Kollegen, Wissenschaftlern und Freunden, die mich bei der Entstehung dieses Buches und bei der Entwicklung meines English Codes mit Rat und wertvollen Hinweisen unterstützt haben, danke ich von Herzen. Jeden Namen zu nennen, würde den gegebenen Rahmen sprengen. Einige Menschen haben mich besonders unterstützt, ihre Namen seien genannt.

Ein besonderer Dank geht an meine Mutter, die immer noch mit mir telefoniert, obwohl sie seit Monaten ausschließlich das Wort »Buch« hört. Dank auch an meinen Vater, der sich durch meine ersten, wahrlich kläglichen Schreibversuche quälte.

Dank meinem großartigen »English Code«-Team: Uta, Philip, Lukas, Andrea, Frau Bilic. Danke für euren großen Einsatz, eure Motivation und euren Input.

Danke auch allen, die von Anfang an mit dabei waren, mich aus Begeisterung für die Idee unterstützt und immer wieder ermutigt haben. Danke, Iris, Gunthild, Thekla, Silja, Isabella, Julia, Ria, Christine (meine Lehrmentorin), den Übersetzerinnen Maria Lanman und Cathrene Rowell sowie meiner langjährigen Dolmetschpartnerin Bettina von Arps-Aubert.

Danke euch, Sven, Philipp, Claas, Ulas, Axel, Jo, Karsten Ruschhaupt von KR Corporate Media und Volkmar. Danke dir, Volker, dass du in den Nächten, in denen ich vor Müdigkeit über der Arbeit einschlief, weitergemacht hast. Danke, Stefan, dass du immer da bist!

An die Ansprechpartner meiner ersten »English Code«-Kunden meinen Dank für ihre Begeisterung, Förderung und Begleitung. Danke, Katja und Tanja sowie der gesamten Dräger-Lübeck-Personalabteilung. Danke an die Aus-und Fortbildungsabteilung der Deutschen Welle Bonn, an Herrn Eble und die Einkäufer des John-Deere-Werks Mannheim, an Silka, ehemals KPMG Berlin, an Frau Ottersberg-Maenner und ihr Team der HDI-Gerling Industrieversicherung. Denn das Beste am »English Code« sind die Seminarteilnehmer, das Auditorium, die Menschen, mit denen ich Seminar um Seminar, Vortrag um Vortrag lachen und lernen darf. Nicht zuletzt geht ein Dank an meinen Verlag für die große Geduld und Unterstützung!

Danke!

Susanne Kilian
Berlin, im April 2015

LIEBER HANDELN, ALS DEN EIGENEN ERFOLG VERSCHLAFEN

SIGRID MEUSELBACH | WECK DIE CHEFIN IN DIR
40 Strategien für mehr Selbstbehauptung im Job
192 Seiten, Klappenbroschur, ISBN 978-3-424-20110-9

Erfolge in Schule, Studium und Ausbildung gaukeln Frauen vor, ihnen stünden heute alle Türen offen. Doch noch ist das Business männlich, und nur erfolgreiche Frauen können das ändern. Sie müssen lernen, dass im Job andere Spielregeln herrschen als im Hörsaal. Einen Einblick in genau diese Spielregeln gibt Sigrid Meuselbach in ihrem Buch. Ihr Ziel: Frauen lernen, sich zu behaupten – mit Authentizität und Klarheit, mit Selbstbewusstsein und Kompetenz.

Sigrid Meuselbach bringt Frauen in Führung und hilft Männern, gut damit zu leben.

ARISTON

VOM INTERNET-NERD ZUM TWITTER-GRÜNDER

BIZ STONE | FOLGE DEM BLAUEN VOGEL
Die Twitter-Story – Bekenntnisse eines Kreativen
256 Seiten, gebunden mit Schutzumschlag, ISBN 978-3-424-20114-7

Biz Stone – hochkreativ, charmant, außergewöhnlich intelligent – beschreibt in seinem Buch den unerwarteten Erfolg der Social-Media-Plattform, die die Welt veränderte. Eindrucksvoll erzählt er seine persönliche Geschichte vom unbekannten Computerfreak zu einem der erfolgreichsten Unternehmer des 21. Jahrhunderts.

ARISTON

Erfolg war gestern – Gelingen ist heute

Hans-Uwe L. Köhler | **HAU EINE DELLE INS UNIVERSUM**
Wie alles gelingt, was Ihnen wichtig ist
256 Seiten, gebunden mit Schutzumschlag, ISBN 978-3-424-20100-0

Warum handeln Menschen so, wie sie handeln? Warum starten wir als Optimisten und Chancensucher ins Leben – und warum verlieren wir später auf unserer Lebensreise die Wahrnehmung für das Glück und die Kraft, Entscheidungen für unser eigenes Leben zu treffen? Hans-Uwe L. Köhler geht diesen Fragen auf den Grund und bietet Lösungsansätze. Ein Reiseführer zu einem erfüllten Leben.

ARISTON

Shaolin statt Beta-Blocker

Claudia Maurer, Shi Xing Mi | **GIB NICHT ALLES, GIB DAS RICHTIGE**
Die Shaolin-Strategie für Manager
192 Seiten, gebunden mit Schutzumschlag, ISBN 978-3-424-20107-9

Die erfahrene Kommunikationstrainerin Claudia Maurer und der geweihte Shaolin Shi Xing Mi haben die Essenz aus ihrer gemeinsamen Arbeit zusammengetragen und vermitteln die von ihnen entwickelte Shaolin-Strategie, die aus einem Zustand der inneren Unzufriedenheit und Erschöpfung in eine neue Dimension von Kraft, Zielstrebigkeit und Lebensfreude führt.

Ein innovatives und inspirierendes
Denk- und Handlungskonzept!

ARISTON